PONTOS FORA DA CURVA

OLAVO NOGUEIRA FILHO

PONTOS FORA DA CURVA

Por que algumas reformas educacionais no Brasil são mais efetivas do que outras e o que isso significa para o futuro da educação básica

FGV EDITORA

Copyright © 2022 Olavo Nogueira Filho

FGV EDITORA
Rua Jornalista Orlando Dantas, 9
22231-010 | Rio de Janeiro, RJ | Brasil
Tel.: (21) 3799-4427
editora@fgv.br | pedidoseditora@fgv.br
www.fgv.br/editora

Impresso no Brasil | *Printed in Brazil*

Todos os direitos reservados. A reprodução não autorizada desta publicação, no todo ou em parte, constitui violação do copyright (Lei nº 9.610/98).

Os conceitos emitidos neste livro são de inteira responsabilidade do autor.

1ª edição: 2022; 1ª reimpressão: 2025.

Preparação de originais: Sandra Frank
Editoração eletrônica: Abreu's System
Revisão: Adriana Alves | Fatima Caroni
Capa: Estúdio 513

Dados Internacionais de Catalogação na Publicação (CIP)
Ficha catalográfica elaborada pela Biblioteca Mario Henrique Simonsen/FGV

Nogueira Filho, Olavo
    Pontos fora da curva : por que algumas reformas educacionais no Brasil são mais efetivas do que outras e o que isso significa para o futuro da educação básica / Olavo Nogueira Filho. – Rio de Janeiro : FGV Editora, 2022.
    152 p.

    Inclui bibliografia.
    ISBN: 978-65-5652-153-4

    1. Educação – Brasil. 2. Reforma do ensino. I. Fundação Getulio Vargas. II. Título.

                                                            CDD – 370.981

Elaborada por Rafaela Ramos de Moraes – CRB-7/6625

Sumário

Apresentação. *Fernando Luiz Abrucio* 7

Introdução 15
   Características importantes deste livro e do contexto
   em que ele se insere 18

1. A agenda do reformismo educacional no Brasil
nas últimas três décadas 31

2. Por que (muitas) reformas deixam a desejar? 57
   A equivocada insistência em padrões, metas e incentivos
   como "a" alavanca da reforma 58
   Minando a reforma a partir de uma gestão altamente centralizada 63
   O limite de políticas uniformes frente à complexa dinâmica escolar 68

3. Por que (algumas poucas) reformas avançam
de modo mais efetivo? 75
   Articulando padrões, metas e incentivos a investimentos em insumos
   e processos que fortalecem as capacidades do sistema 80
   Visão sistêmica compartilhada, com descentralização coordenada,
   para garantir implementação 93
   Efetivando transformações significativas a partir
   de um projeto sistêmico no plano escolar 112

4. Síntese dos argumentos e seus significados
para o debate educacional brasileiro 125

Referências 139

Apresentação

Desmontando os mitos das reformas educacionais no Brasil

Fernando Luiz Abrucio[*]

Pontos fora da curva é um livro que representa bem o perfil híbrido de seu autor. Olavo Nogueira Filho é um pesquisador fino da educação brasileira e trabalha cotidianamente com os atores que formulam e implementam as políticas educacionais em todos os cantos do país, do menor município até o MEC. A obra é fruto de sua dissertação de mestrado, a qual tive o privilégio de orientar, mas também resulta de sua experiência na Secretaria de Educação do Estado de São Paulo e de sua atuação no movimento Todos Pela Educação, ajudando a produzir diagnósticos e prognósticos de vários temas educacionais. Daí o caráter reflexivo e prático do trabalho, que poderá ter impacto tanto no debate acadêmico quanto na definição de estratégias de políticas públicas para políticos e gestores.

A pergunta central do livro é instigante: qual é o melhor caminho das reformas educacionais, especialmente no Brasil? Como resposta, não se propõe um receituário fechado sobre o que fazer, mas se *apresenta uma nova maneira de pensar o como fazer*, em particular no que se refere à construção do processo de formulação e sua relação com a implementação. Tendo como base a literatura internacional recente e um amplo diagnóstico das mudanças educacionais brasileiras desde 1988, Olavo selecionou dois casos muito

---

[*] Doutor em ciência política pela Universidade de São Paulo (USP), professor e pesquisador da Escola de Administração de Empresas de São Paulo da Fundação Getulio Vargas (FGV Eaesp) e coordenador do Centro de Estudos de Administração Pública e Governo (Ceapg).

bem-sucedidos de reforma: as políticas educacionais dos estados do Ceará e de Pernambuco. O sucesso desses dois casos pode ser constatado de algumas formas. A primeira tem a ver com o avanço de ambos nos indicadores educacionais de larga escala, mormente o Ideb. É impressionante a melhoria no Ceará, particularmente no fundamental, e a realizada em Pernambuco, marcadamente no ensino médio. Esse progresso no aprendizado dos alunos é ainda mais impressionante tomando como base seu ponto de partida: os dois estados não são os mais desenvolvidos do país, muito pelo contrário. Vale ressaltar ainda, como faz Olavo, que os resultados positivos combinaram melhoria da qualidade com maior equidade. O êxito dos casos cearense e pernambucano também se deve ao fato de que outros estados têm se inspirado nos modelos de alfabetização por regime de colaboração – o Programa de Alfabetização na Idade Certa (Paic) do Ceará e o do ensino médio em tempo integral em Pernambuco.

Todos os marcadores de sucesso apresentados são importantes para classificar as experiências de Pernambuco e do Ceará como bem-sucedidas. Mas há um elemento central que é a base do argumento do livro: a forma como foram feitas essas reformas é tão ou mais importante do que seu conteúdo. Olavo elenca cinco características que são essenciais para produzir um caminho reformista efetivo.

A primeira característica é ter uma governança mais ampla da reforma, envolvendo um conjunto maior de atores. A segunda é articular bem a formulação com a implementação. A terceira é pensar a reforma educacional como um projeto contínuo e de mais longo prazo – a continuidade é uma peça-chave do êxito desses casos. A quarta é ter uma visão sistêmica da política educacional, que se baseie na articulação das partes e não na concentração em um dos elementos, pois o avanço reformista está muito ligado à boa coordenação entre atores e ações governamentais.

Por fim, o sucesso do caminho reformista dos casos do Ceará e de Pernambuco está numa diretriz mais vinculada à chamada terceira geração de reformas educacionais, cujo ponto central é combinar bem, de um lado, uma ação estratégica no campo dos insumos e suportes educacionais – como a qualificação dos professores, melhoria nos processos de seleção de diretores e apoio maior do estado às secretarias municipais e às escolas – com, de outro, a utilização de instrumentos de incentivo, mensuração e aprendizado frente aos resultados educacionais.

Olavo realça que só é possível melhorar o desempenho dos sistemas educacionais se houver uma ênfase maior nos meios (ou nos "comos"), o que implica apostar mais numa gestão qualificada dos profissionais da educação, numa articulação constante e colaborativa entre as organizações (particularmente entre a secretaria e as escolas) e entre os entes federativos para aprimorar a relação entre formulação e implementação, num foco mais estratégico na política pedagógica e, como corolário, adotar uma visão sistêmica ampla de todo o processo de mudança.

A construção do argumento explicativo do sucesso dos casos do Ceará e de Pernambuco já torna o livro de Olavo uma referência fundamental para o debate. Somaria a isso outro aspecto que se destaca no trabalho, que é desmontar sete mitos presentes na discussão sobre reforma educacional no Brasil.

O primeiro mito é o de que a educação brasileira piorou nos últimos tempos porque não houve reformas adequadas. Na verdade, a partir principalmente de 1988, o Brasil começou um ciclo longo de mudanças que alçaram a política educacional a um novo patamar. Ao contrário do que diz o senso comum, que espalha a ideia de que "boa era a escola pública do passado", a trajetória histórica do país foi de um processo muito lento de mudança educacional, marcado por um modelo elitista que não garantia o ensino a grande parcela da população e que "expulsava", de várias maneiras, os mais pobres da escola. Além disso, não havia uma política nacional efetiva nem um financiamento minimamente adequado para a educação básica, de modo que existia um sistema fortemente estadualizado e fragmentado, no qual imperava uma enorme desigualdade territorial de acesso e qualidade de ensino.

A pesquisa de Olavo ressalta que nunca houve tantas mudanças positivas na educação brasileira quanto no período de 30 anos que vai de 1988 a 2018. A lista de transformações é grande, sendo possível citar alguns aspectos aqui. Houve uma política bem-sucedida de universalização do ensino fundamental, de ampliação dos concluintes do ensino médio, de expansão inédita de educação infantil e, mais recentemente, das creches, além da inclusão de pessoas com deficiência no sistema de ensino regular e a ampliação de alunos pobres e negros no ensino superior. Houve muitos avanços no financiamento, com o Fundef e o Fundeb, ampliação da descentralização municipalista para captar os alunos que as redes estaduais não pegavam, criação de modelos de avaliação dos resultados educacionais, maior qualificação dos professores e a construção de carreiras docentes desvinculadas do processo político clientelista (que era a norma no país), maior participação da sociedade e o surgimento de inovações nas políticas educacionais de governos subnacionais.

Obviamente que ainda há vários desafios a enfrentar, mas essa primeira geração de reformas colocou a política educacional num novo patamar e, pela primeira vez na história do país e de forma muito atrasada em relação aos países desenvolvidos ou mesmo em contraste com nações vizinhas, constituiu-se um sistema escolar de massa, para todos os brasileiros. Olavo nota ainda, novamente contra o senso comum, que até no campo do desempenho mensurado por avaliações de larga escala houve avanços importantes, que não foram maiores em parte porque nosso ponto de partida era muito ruim no plano da comparação internacional.

O segundo mito derrubado por Olavo refere-se à ideia de que há um único e redentor tipo de reforma, quase atemporal e mágico. Essa assertiva vale tanto para o conteúdo quanto para o formato dos processos reformistas. O livro mostra que há várias fases de reformismo (primeira, segunda e terceira gerações) e todas elas têm sido importantes para os países melhorarem suas políticas públicas. Se na primeira onda o importante é construir as bases de um sistema educacional de massas, na segunda o ponto central é estabelecer diagnósticos e modelos de avaliação do aprendizado. Ambas são importantes, mas limitadas, de modo que o padrão que ganha hoje força no mundo é aquele que, de forma sistêmica, articula melhor os "comos", com ênfase na construção de capacidades profissionais, pedagógicas e de governança educacional. Cabe apontar que elementos de cada uma dessas gerações podem ser necessários em contextos específicos.

Derrubar o segundo mito (o da reforma única e redentora), no fundo, é entender o caráter histórico e contextual das reformas educacionais, mostrando que ao longo do tempo novas questões e temas surgem, e os reformadores têm de ser capazes de aprender com o que se constata ser o melhor caminho daquele momento. De todo modo, Olavo ressalta que, atualmente, o modelo de terceira geração é o mais relevante para os casos mais bem-sucedidos no mundo e se encaixa como uma luva na forma como as reformas ocorreram e tiveram sucesso nos casos cearense e pernambucano.

Também é preciso abandonar as falsas dicotomias que alimentam boa parte do debate sobre reformas educacionais no Brasil. Esse é um terceiro mito, segundo o qual deve-se optar ou por uma ênfase na valorização dos profissionais da educação, ou buscar resultados, ou então deve-se procurar modelos mais competitivos de reformismo por meio de incentivos aos que têm maior desempenho, ou então se deve apenas procurar maior cooperação entre os atores. O exemplo do Ceará de alfabetização revela o contrário: é possível e necessário combinar profissionalização e apoio às escolas com uma gestão por resultados, do mesmo modo que é possível e desejável compatibilizar a competição com a colaboração.

Ainda na linha de visões dicotômicas, há outro mito recorrente – o quarto dessa lista –, que é o da concentração das respostas educacionais no nível das secretarias ou no plano das escolas.

Centralização excessiva nas mãos dos *policymakers versus* uma autonomia completa e descoordenada das unidades escolares é o tipo de oposição que se deve evitar. O melhor caminho está na melhor articulação das duas instâncias, numa via de mão dupla.

O livro de Olavo capta muito bem essa ideia, colocando-se tanto contra a adoção de um modelo uniformizador criado de maneira *top-down*, como igualmente se contrapõe à crença de que todas as escolas conseguiriam, sozinhas, resolver seus problemas com a mesma efetividade, algo que, num país como o Brasil, seria impossível dada a enorme desigualdade territorial e entre as unidades escolares.

Para evitar a armadilha de uma visão linear da relação entre formulação e implementação, Olavo mostra que a combinação de planejamento estratégico, apoio e coordenação das secretarias com um modelo de escolas fortes institucionalmente e alicerçadas num trabalho coletivo e colaborativo com os atores que fazem parte de sua dinâmica é a via que favorece o maior sucesso das reformas educacionais – como, aliás, fica claro nos dois casos estudados.

Um quinto mito reformista vai além da política educacional e abarca muito dos discursos daqueles que pretendem modernizar o Estado brasileiro. Trata-se da ideia de que o melhor caminho das reformas está em fazer mudanças rápidas e "completas". Essa ideia maximalista aparece igualmente em debates sobre reforma política ou administrativa e vê em qualquer demora, necessidade de diálogo ou de ajuste de rota formas de veto à "verdadeira transformação". Olavo aponta que as boas experiências pelo mundo e as experiências bem-sucedidas do Ceará e de Pernambuco são, por natureza, incrementais, pois exigem um bom tempo de maturação, com o uso do aprendizado adquirido para corrigir ou aperfeiçoar as propostas ou a implementação.

Mais do que isso, os sucessos cearense e pernambucano – e poderia citar aqui também os casos do Espírito Santo, de Sobral ou da cooperação intermunicipal da região da Chapada, na Bahia – se devem fortemente à capacidade de criar continuidade de ações, à construção de uma sustentabilidade intertemporal da política educacional. Na verdade, não faltam no Brasil mudanças abruptas em governos locais ou no plano federal, até com medidas corretas para a melhoria do ensino, que foram descontinuadas com a passagem do tempo. Olavo ensina que o mais importante é descobrir como produzir uma longa, coerente e sempre incompleta reforma, capaz de se aperfeiçoar continuamente.

De forma mais sutil, a leitura do livro desmonta outro mito (o sexto): o de que existe uma forma de gestão que possa ser usada como instrumento neutro em qualquer política pública. Gestão sempre é uma forma de gerenciar que se acopla à lógica de cada setor ou à forma de cada organização. Olavo faz uma leitura que não é tecnocrática da política educacional. A política é importante; o diálogo, o convencimento e o engajamento dos atores são essenciais; a governança adequada, utilizando os meios adaptados à dinâmica do mundo da educação, é imprescindível. Nesse sentido, as reformas que deram certo usaram a gestão a serviço dos objetivos e valores que guiam o ensino público.

Por fim, o mito mais incrustado no debate nacional é o de que não temos nada a aprender com a experiência brasileira, marcada por um desastre completo. Como sétima mitologia, talvez seja essa a mais daninha para os rumos da nossa política educacional. A análise acurada dos casos do Paic cearense e da escola de tempo integral pernambucana, mostrando suas ideias, trajetória e resultados bem-sucedidos, faz deste livro uma leitura fundamental porque nos livra da síndrome de vira-latas, para lembrar Nelson Rodrigues, que ainda predomina no Brasil. Tais modelos mostram que é possível reformar profundamente a educação mesmo quando as condições iniciais não são as mais favoráveis. Basta entender que a chave do sucesso está nos caminhos reformistas, que oferecem mais um quadro geral de ação do que uma receita de bolo.

Ao completar sua argumentação, Olavo anuncia que o próximo passo está em disseminar esses modelos reformistas de terceira geração pelo país afora, não só para os governos subnacionais, mas também para o MEC, que nos últimos anos entrou numa agenda completamente estranha aos efetivos problemas educacionais brasileiros. Algumas sementes que se inspiram nos casos cearense e pernambucano já começaram a se espalhar para outros estados, mas a caminhada ainda será longa para expandir e consolidar essa via bem-sucedida de mudança. A leitura e debate do presente livro podem ser uma alavanca poderosa nesse processo transformador da educação brasileira.

Introdução

> *Precisamos saber mais sobre o que pode acontecer, não o que costumeiramente acontece.*
>
> Charles Payne

> *Um sucesso nos diz muito mais do que milhares de fracassos: um sucesso nos mostra que é possível.*
>
> Robert Merton

Ao longo da história, o modelo educacional brasileiro foi extremamente elitista e o país se desenvolveu econômica e socialmente sem universalizar a educação básica,[1] aspecto este que contribuiu sobremaneira para a construção de uma sociedade profundamente marcada pela desigualdade. Nas últimas três décadas, porém, o país viu florescer um novo capítulo – a partir da Constituição Federal de 1988, a educação básica virou um direito e ganhou uma relevância que nunca teve na agenda pública brasileira, em prol da universalização do acesso e da melhoria da qualidade da escola pública.

Nesse cenário, a oferta educacional, que já dependia fortemente da liderança dos estados e municípios, ganhou contornos ainda mais descentralizados, com os governos subnacionais adquirindo importante protagonismo e realizando múltiplas tentativas de reformas de seus sistemas públicos. São essas reformas o objeto central deste livro.

---

[1] A educação básica no Brasil compreende a educação infantil (creche e pré-escola), o ensino fundamental e o ensino médio.

Diferentemente das análises que hoje ocupam parte importante do debate público educacional brasileiro a respeito do tema, este livro não visa, contudo, se debruçar sobre os resultados médios desses esforços (ainda que dados gerais sejam apresentados). Considerando que os resultados de reformas educacionais subnacionais têm sido muito heterogêneos, mesmo entre localidades de nível socioeconômico similar, o interesse aqui está em compreender o porquê dessas diferenças, em particular no que concerne aos caminhos que vêm sendo seguidos por aqueles que destoam positivamente da média – os "pontos fora da curva". Essa é a principal missão desta obra.

A opção pelo aprofundamento do olhar sob aquilo que vem dando certo – ou, pelo menos, *mais* certo – é uma escolha absolutamente intencional. Isso porque contribuir para mudar o ângulo da conversa sobre a educação básica no Brasil é também uma das tentativas deste trabalho, seja no que diz respeito ao diagnóstico comumente proferido no debate *não especializado*, seja quanto às discussões sobre as soluções para os entraves educacionais presentes no debate *especializado*.

Do ponto de vista da narrativa do "problema educacional", essa mudança de perspectiva tem a ver com a forma como o debate, sobretudo o não especializado, muitas vezes encara o desafio brasileiro: apesar de melhorias concretas ao longo das últimas décadas – que serão detalhadas ao longo do livro –, é notável a resiliência da ideia junto à parcela dos formadores de opinião brasileiros de que a educação básica pública brasileira "não tem jeito" e que, portanto, precisamos a todo momento buscar pela "inovação" que será capaz de nos "tirar do buraco" ou, simplesmente, deixar a agenda de lado e se concentrar na busca de paliativos para minimizar os graves impactos de uma educação pública com baixa qualidade. Uma das principais mensagens deste livro, em especial para o(a) leitor(a) não especialista em educação, é que, na última década, alguns estados e municípios de médio e grande portes evidenciaram que há caminhos para fazer educação de qualidade *em nível de sistema*. É isso mesmo: educação de qualidade não apenas em algumas escolas aqui e acolá. Educação de qualidade *em escala*.

No que tange à discussão sobre as "soluções", a questão que se almeja incidir é a forma binária – ou isso ou aquilo – em que o debate especializado rotineiramente enquadra diferentes posições sobre o que é preciso fazer para melhorar a qualidade da educação. O foco nas histórias de maior sucesso é o ponto-chave para delinear uma abordagem alternativa, que aqui será chamada de "terceira geração" de reformas educacionais. Ainda que se trate de uma discussão de natureza mais teórica, o intuito dessa conceituação é bastante objetivo: demonstrar que os caminhos para obtermos resultados educacionais melhores e mais equânimes não surgirão do binarismo que hoje domina parte relevante do debate mais qualificado sobre educação no Brasil. O que o trabalho busca sustentar é que o olhar atento à literatura de fronteira e às evidências nacionais indica que a diferenciação entre esforços *mais* e *menos* efetivos é de natureza mais sutil, não binária, na qual o caminho "menos virtuoso" não necessariamente é inteiramente equivocado, mas, muitas vezes, insuficiente para promover mudanças significativas. E que o caminho "mais virtuoso" é, em diversos aspectos, fruto da combinação de proposições frequentemente apresentadas como antagônicas.

Agradeço a você, leitor(a), pelo voto de confiança (ou talvez de desconfiança?) ao abrir este livro. Acima de tudo, espero que as próximas páginas contribuam para estimular o debate de ideias informado pelo conhecimento científico acumulado e pelas experiências concretas de educação no nosso próprio país.

Agradeço, também, a muitas pessoas que, em diferentes momentos e de distintas formas, contribuíram com esse esforço: Alexsandro Santos, Alexandre Schneider, Ana Selva, Caio Sato, Cibele Franzese, Fernanda Escorel Pupo Nogueira, Frederico Amancio, Gabriel Corrêa, Helena Lima, Henrique Paim, Herman Voorwald, Jair Ribeiro, José Francisco Soares, José Irineu de

Carvalho, Leonardo Yada, Lucas Hoogerbrugge, Luciano Monteiro, Maria Laura Gomes, Mauricio Holanda Maia, Priscila Cruz e Tamo Chattopadhay.

De maneira especial, agradeço à Gabriela Nogueira, com quem sou casado, pelo incentivo e fundamental apoio para que eu pudesse realizar o trabalho de pesquisa que deu origem a este livro. À professora Claudia Costin, pela generosidade ao realizar múltiplas leituras críticas e por escrever o texto da orelha do livro. E ao professor Fernando Abrucio, que, além de me honrar com a escrita do prefácio, foi meu orientador na pesquisa e contribuiu de maneira decisiva com as análises e as conclusões desta obra.

Características importantes deste livro e do contexto em que ele se insere

A maior parte do conteúdo deste livro não nasceu como projeto para um livro. A base do que o(a) leitor(a) encontrará nas próximas páginas é fruto de uma dissertação de mestrado (Batista Filho, 2021) começada – e finalizada – em meio a um momento inédito de enfrentamento global da brutal pandemia de Covid-19. Com efeito, a natureza propositiva da dissertação, centrada na análise de caminhos promissores consolidados no período pré-pandemia, também teve influência do contexto pandêmico, uma vez que os efeitos devastadores da Covid-19 na educação não só trouxeram à tona os graves problemas que assolam o setor, mas deram renovado espaço para a defesa da ideia de que, no campo educacional, é preciso "repensar tudo". Sem dúvida, para quem havia esquecido, o período pandêmico deflagrou as fragilidades do sistema educacional brasileiro e emitiu um contundente lembrete de que ainda há muito a ser corrigido em nossa educação. Contudo, ignorar o que o Brasil construiu nos últimos anos significará um tremendo equívoco em face do que se exigirá ao longo dos próximos anos.

Após praticamente um ano e meio de escolas fechadas – um dos períodos mais longos em todo o mundo – e um ensino remoto de baixa qualidade média e alcance muito limitado em diversas regiões do país, as pesquisas começam a evidenciar que estamos diante de impactos significativos e duradouros na vida das crianças e dos jovens, sobretudo junto às populações de estudantes historicamente privados de uma educação de qualidade (negros, periféricos, quilombolas e indígenas) e que foram mais afetados durante a pandemia (Todos Pela Educação, 2020a). Assim, está razoavelmente claro para um amplo espectro de especialistas educacionais do país que uma resposta educacional à altura dos desafios que estão se impondo dependerá da junção de múltiplas ações de curto prazo – busca ativa escolar, programas de acolhimento, iniciativas de recuperação e aceleração escolar, políticas de auxílio financeiro etc. – com a retomada de uma agenda de fôlego voltada para aspectos estruturais do sistema educacional. A relação desse cenário com este livro está aí: o avanço de ambas as vertentes pode se beneficiar imensamente daquilo que algumas redes de ensino foram capazes de realizar ao longo dos últimos tempos, pois não só apontam caminhos, como mostram que é possível superar dificuldades nada desprezíveis.

Mesmo o país tendo à sua disposição importantes fontes de inspiração, é preciso dizer que a materialização desses esforços pós-pandêmicos, sobretudo aqueles que miram mudanças mais transformacionais, não tem nada de trivial. Diante de um contexto de provável aprofundamento da crise econômica nos próximos anos, com graves repercussões em questões como pobreza e emprego, retomar e fazer avançar uma agenda educacional reformista em território nacional demandará um grande senso de prioridade política. A boa notícia é que, a despeito da conjuntura negativa, há ventos favoráveis.

O primeiro deles é que, no período anterior à pandemia, algumas importantes medidas de impacto nacional já tinham sido implementadas ou estavam em vias de ser, ainda que com baixa coordenação entre elas (Todos Pela Educação, 2020b). Destacam-se aqui: o avanço – ainda que imperfeito – da implementação da Base Nacional Comum Curricular e da "Reforma do Ensino Médio" em todo o território nacional; as alterações recentes nas diretrizes nacionais para a formação de professores – inicial e continuada – pelo Conselho Nacional de Educação (CNE); a aprovação do Novo Fundeb (Fundo de Manutenção e Desenvolvimento da Educação Básica e de Valorização dos Profissionais da Educação); e o fortalecimento da pauta do Sistema Nacional de Educação (SNE) no Congresso Nacional. É o fenômeno que Cruz, Borges e Nogueira Filho (2019) denominam "reforma educacional silenciosa".

O segundo é que o debate sobre a importância de melhorar a educação básica já encontrava importante (e crescente) eco junto à sociedade brasileira antes da pandemia, em especial, junto a alguns formadores de opinião. Isso se dá, em parte, pelo fato de que o Brasil registrou diversas conquistas na educação pós-Constituição Federal de 1988, momento em que a educação básica se tornou, pela primeira vez, um direito. A partir daí, múltiplas frentes que não tinham se movido por mais de um século foram finalmente avançadas em um período de 30 anos (mais sobre isso no próximo capítulo). Assim, mesmo ainda tendo muitos problemas, é inegável que a educação tem, hoje, um novo lugar na agenda pública e novos atores atuando em seu favor. Caso haja, portanto, um entendimento coletivo renovado da elite política de que a retomada do país depende fortemente da educação, e caso seja promovida uma inflexão na atuação do governo federal no setor (o que muito provavelmente só se tornará uma possibilidade no caso da não continuidade da gestão Bolsonaro pós-2022), pode ser que surja impulso suficiente para que o tema tenha a devida priorização na pauta nacional ao longo dos próximos anos.

O terceiro ponto favorável é que, de um ponto de vista mais estrutural, pesquisas de opinião com a população brasileira nos últimos anos detectam crescente piora nos índices da satisfação com a qualidade da escola pública. Em que pese ainda representarem visão relativamente positiva quando comparado aos indicadores objetivos de qualidade, o percentual da população que acha a escola pública ótima/boa caiu de 50%, em 2010, para 34%, em 2017 (gráfico 1). Esse dado, somado ao fato de que, nos últimos anos, a percepção da população brasileira sobre o grau de prioridade que "melhorar a qualidade da educação básica" deveria ter por parte do governo vem crescendo (gráfico 2), pode ser relevante para aumentar a pressão pública sobre os governantes, em especial em um momento em que o quadro fiscal é grave e crises em múltiplos setores tornarão o "cobertor" orçamentário ainda mais "curto".

Gráfico 1
Percepção da população brasileira sobre a qualidade do ensino público no nível fundamental (2010, 2013 e 2017)

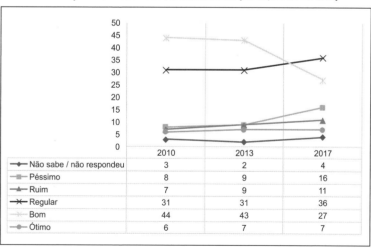

Fonte: CNI (2018).[2]

---

[2] Pesquisa completa disponível em: <www.portaldaindustria.com.br/estatisticas/rsb-42-educacao-basica/>. Acesso em: 3 jan. 2022.

Gráfico 2
Percepção da população brasileira que entende que a "melhoria da qualidade da educação" deveria estar entre as três prioridades do governo – 2014-2021

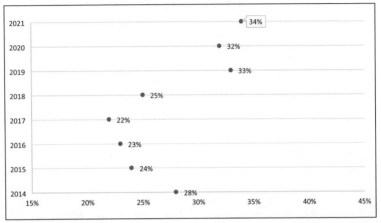

Fonte: elaborado pelo autor com base em: CNI. *Retratos da Sociedade Brasileira* (2014-2021).

Apesar dessas circunstâncias animadoras, o desafio de se configurar real prioridade política à educação ainda está longe de ser vencido. As discussões sobre a reabertura das escolas em meio à pandemia, por exemplo, demonstraram isso. Ao passo que inúmeros serviços não essenciais – tais como bares, *shoppings*, restaurantes e academias – tiveram sua operação pouco interrompida durante a pandemia, o Brasil manteve a imensa maioria de suas escolas fechadas por um longuíssimo período sem que houvesse grandes preocupações por parcela significativa da sociedade brasileira sobre os efeitos de curto e longo prazos para as crianças e os jovens. Para reforçar esse quadro de apatia, pesquisa[3] realizada entre os meses de outubro e novembro de 2021 com municípios brasileiros mostrou que, mesmo após quase dois anos de pandemia no país, ainda havia um número expressivo de escolas operando remotamente – 21,8%

---

[3] Pesquisa completa disponível em: <www.unicef.org/brazil/media/16996/file/pesquisa-undime-educacao-na-pandemia-sexta-onda.pdf>. Acesso em: 12 nov. 2021.

na pré-escola, 12,7% no ensino fundamental anos iniciais (primeiro ao quinto ano) e 14% no ensino fundamental anos finais (sexto ao nono ano). A divulgação desses dados não causou nenhum tipo de clamor no debate público brasileiro.

Mesmo que o desafio da prioridade política seja devidamente enfrentado nos próximos anos, tal avanço, porém, não será condição suficiente para promover uma guinada educacional. Se é para o país mudar radicalmente a qualidade de sua educação básica, será preciso que a priorização política resulte em mudanças que impactem a formulação e a implementação das políticas educacionais nos sistemas subnacionais – entes estes que são diretamente responsáveis pela gestão das, aproximadamente, 140 mil escolas públicas Brasil afora (Todos Pela Educação, 2020c). Novamente, aqui é que se ancora o ponto central deste livro: nos últimos anos, o Brasil, finalmente, conseguiu angariar exemplos de transformações expressivas em sistemas de grande porte. Há, portanto, referências que mostram ser possível promover melhorias significativas e em escala.

Ocorre que o desafio para que mudanças acerca da formulação e implementação de políticas educacionais aconteçam está longe de ser algo simples. Isso porque, primeiro, os casos de sucesso expressivo ainda são exceções à regra, o que, como já mencionado, alimenta o clima – reforçado pelo atual governo federal – de que "a educação no Brasil é cenário de terra arrasada". E, segundo, porque os tímidos resultados médios não são obra da inação: ainda que de maneira tardia quando comparado aos países mais desenvolvidos, e até mesmo nossos vizinhos, o Brasil tem empenhado esforços consideráveis nas últimas décadas para tentar melhorar a qualidade dos seus sistemas educacionais. Como veremos adiante, fundamentalmente desde a Constituição Federal de 1988, houve impressionante aumento nos investimentos públicos direcionados ao setor e inúmeras "ações reformistas" em todas as esferas governamentais para buscar recuperar o atraso. Ou seja, fosse apenas uma questão de *mais esforço* – por exemplo, colocar ainda mais dinheiro no sistema –, o aumento da prioridade política poderia, sozinho, promover importantes transformações. Mas frente a um contexto de múltiplas tentativas e tamanha heterogeneidade nos resultados alcançados pelos sistemas (fato que será detalhado mais à frente), é preciso ir muito mais a fundo.

O que se pretende fazer nas próximas páginas é um exercício de análise "sobre reformas" e não "sobre não reformas". Ao invés de centrar fogo naquilo que *não tem* sido feito, olharemos para aquilo que *tem* sido feito. Reiterando o que já foi dito nas primeiras linhas desta introdução, trata-se, acima de tudo, da busca pela resposta a uma pergunta central, porém, ainda pouco explorada no debate brasileiro: se há significativa variação de efetividade entre as inúmeras reformas educacionais subnacionais empreendidas nas últimas décadas, quais são os caminhos que vêm sendo seguidos por aqueles que, mesmo em situações mais adversas, alcançam resultados muito superiores à média? Para responder a esta pergunta, o livro lança mão de um modelo conceitual, que aqui será denominado "modelo de terceira geração de reformas educacionais", e o utiliza para entender dois dos mais bem-sucedidos casos brasileiros: as reformas no Ceará e em Pernambuco.

O trabalho, além desta introdução, se organiza em quatro capítulos adicionais. No capítulo 1, é feita uma breve explanação sobre as características do reformismo educacional no Brasil nas últimas três décadas, como ele se relaciona com a experiência internacional e quais têm sido seus resultados gerais. No capítulo 2, tomando como base a fronteira do conhecimento sobre reformas educacionais no mundo e dados nacionais, serão apresentados argumentos que visam sustentar, de modo mais geral, o porquê da baixa efetividade de muitas reformas educacionais no Brasil. No capítulo 3, o movimento se inverte e se aprofunda: informado pela mesma literatura especializada, serão destacadas as variáveis-chave que, segundo as evidências de países com longo histórico de reformas, estariam por trás de esforços que vêm alcançando maior efetividade, gerando as chamadas reformas de terceira geração. Nessa mesma parte, a contextualização e o "teste de aderência" dessas variáveis-chave ao cenário brasileiro serão feitos a partir dos casos cearense e pernambucano. O capítulo 4 sistematiza as principais conclusões dos capítulos 2 e 3 em uma estrutura-síntese de análise e, a partir dela, apresenta quatro mensagens finais sobre o significado dos argumentos para o debate educacional brasileiro. Antes de avançar, porém, é importante registrar algumas considerações a respeito de escolhas que foram feitas para a construção da linha argumentativa deste livro.

Primeiro, sobre o que se entende por reforma educacional "efetiva" no âmbito desta obra. O emprego do termo "efetividade" toma como base os moldes propostos por diversos autores que estabelecem diferenciações entre os conceitos de *eficiência, eficácia* e *efetividade*. Entre eles, a pesquisadora Marta Arretche (1998:4), que, com base em Figueiredo e Figueiredo (1986), define efetividade como o "exame da relação entre a implementação de um determinado programa e seus impactos e/ou resultados, isto é, seu sucesso ou fracasso em termos de uma efetiva mudança nas condições sociais prévias da vida das populações atingidas pelo programa sob avaliação".

No caso deste trabalho, o foco estará nos indicadores de resultados consagrados nas legislações nacionais[4] como objetivos principais – ainda que não exaustivos – da educação básica formal: acesso à escola, permanência e aprendizagem. Ademais, se considerará um resultado "mais efetivo" aquele em que os indicadores médios são melhorados com equidade, ou seja, reduzindo as desigualdades entre as populações atendidas, aspecto este que, no Brasil, é marcado por questões de cor, raça e nível socioeconômico.

---

[4] Constituição Federal de 1988, Lei de Diretrizes e Bases (LDB) de 1996 e Plano Nacional de Educação 2014-2024.

Segundo, sobre a opção de recorrer fortemente à literatura internacional para sustentar os argumentos que serão apresentados. Tal escolha se deve ao fato de que o Brasil entrou no debate das reformas educacionais somente há algumas poucas décadas (mais sobre isso será abordado no próximo capítulo) e, por conseguinte, o tema se tornou objeto de atenção de um conjunto mais extenso de pesquisas e estudos brasileiros há relativamente pouco tempo (últimos 10 anos). Nos países mais desenvolvidos, porém, trata-se de fenômeno discutido e estudado há pelo menos quatro décadas. Não só há maior acúmulo, como também um amplo leque de pesquisas e análises mais recentes que capturam "aprendizados de fronteira", que, por sua vez, só podem ser extraídos de locais que vêm reformando seus sistemas há algum tempo. O cuidado que aqui se tomará para garantir aderência ao contexto brasileiro é articular esses conhecimentos "externos" aos dados, pesquisas e estudos nacionais que dialogam com as temáticas que serão apresentadas. Ainda que tímido, trata-se de um campo crescente na academia brasileira e ao qual este livro busca somar.

Neste último sentido é que surge a terceira consideração. Mesmo que ainda em quantidade pequena, importantes publicações nacionais surgiram, nos últimos anos, sobre reformas educacionais no Brasil, algumas das quais[5] marcarão presença neste livro. O texto visa dialogar com esses trabalhos, porém propõe acrescentar uma

---

[5] Entre essas publicações, destacam-se: diversos artigos e textos de autoria ou liderados pelo pesquisador Fernando Luiz Abrucio (FGV-SP) sobre reformas educacionais em estados brasileiros; o livro *País mal educado,* do jornalista e mestre em administração pública pela Universidade Columbia Daniel Barros (2018), que, com base em visitas a campo, inúmeras entrevistas com gestores educacionais, diretores escolares, professores e estudantes, traça um detalhado registro sobre as principais políticas e práticas por trás das reformas educacionais no Brasil nos últimos anos (Sobral-CE, Goiás, Rio de Janeiro, Pernambuco, Minas Gerais e os municípios da Chapada Diamantina-BA); e a tese de doutorado da pesquisadora Cristina Sayuri Côrtes Ouchi Dusi (2017), da PUC-Rio, que discorre em detalhes sobre as reformas educacionais avançadas em sete Estados brasileiros (Ceará, Espírito Santo, Goiás, Minas Gerais, Pernambuco, Rio de Janeiro e São Paulo) ao longo das últimas duas décadas.

camada adicional às análises existentes sobre reformas educacionais ao focar menos em *o que é feito* (quais políticas estão associadas às reformas efetivas) – foco da maioria dos trabalhos – e mais em *como é feito* (quais premissas e maneiras de se formular e implementar reformas tendem – ou não – a levar a um resultado melhor). O livro difere, ainda, de publicações que discutem os "comos" *políticos* ("como aprovar reformas", "como colocar a reforma na agenda governamental", "como lidar com os sindicatos"), tal como abordam Schneider, Estarellas e Bruns (2019), Bruns, Macdonald e Schneider (2019) e Mizala e Schneider (2019). Em que pese a relevância dessa discussão para o debate sobre reformas educacionais – uma vez que o alinhamento político é crucial para a construção de condições mínimas para o avanço de reformas –, o foco e a contribuição deste livro restringem-se ao "como" vinculado ao processo e à relação entre a formulação e a implementação de reformas. É esse tipo de "como" que, como se argumentará neste trabalho, aumenta as chances de efetividade e a sustentabilidade das reformas ao longo do tempo.

Quarto, sobre o enfoque da análise estar nos sistemas educacionais *subnacionais* (estados e municípios). Aqui são dois os motivos: (1) governos subnacionais possuem lugar de destaque no modelo educacional brasileiro pós-Constituição Federal de 1988, uma vez que o país, ainda que tardiamente, foi capaz de criar um sistema educacional com atendimento universal por meio de um movimento de forte descentralização; (2) porque, no âmbito dos sistemas subnacionais, há inúmeros esforços e razoável heterogeneidade nos resultados, muitos dos quais não estão, necessariamente, associados a fatores socioeconômicos (permitindo, assim, uma análise mais consistente sobre o mérito dos esforços em si).

Quinto, sobre a ênfase em sistemas educacionais subnacionais *de grande porte*.[6] A opção se dá devido ao fato de que o objeto princi-

---

[6] Por redes de grande porte, leia-se: redes que possuem três níveis de gestão (central, regional e local).

pal a ser explorado – efetividade de reformas educacionais – ganha contornos mais evidentes quando aplicado a esse tipo de sistema. Isso porque dados e informações sobre a implementação de reformas educacionais no Brasil – e no mundo – estão mais disponíveis para o universo de redes maiores. Não se busca, portanto, discorrer sobre a realidade de redes de pequeno e médio portes nem tampouco detalhar o papel que o Ministério da Educação (MEC) cumpre (ou deveria cumprir) para apoiar e induzir reformas educacionais em nível subnacional (ainda que menções sobre a atuação do governo federal surjam em determinados pontos do texto).

Sexto, sobre a escolha do estado do Ceará e do estado de Pernambuco como os casos brasileiros de sucesso que compõem a análise.[7] Aqui, três fatores levaram a essa decisão. O primeiro deles é o fato de que, em ambos os estados, a substancial melhoria na média dos indicadores educacionais que foram alvo principal das reformas – anos iniciais do ensino fundamental, para o Ceará, e ensino médio, para Pernambuco – veio acompanhada de importantes reduções nas desigualdades intrarrede, posicionando os dois estados entre os menos desiguais da federação (esses dados serão detalhados mais à frente). As duas experiências representam, portanto, aquilo que se considera, aqui, uma reforma educacional efetiva (melhoria de qualidade com equidade). O segundo fator tem a ver com o contexto territorial em que essas reformas foram avançadas: trata-se de estados pobres, com níveis socioeconômicos tremendamente desfavoráveis. Mostram, assim, que foram realmente capazes de mudar o cenário por meio de ações educacionais. O terceiro fator é de natureza temporal: os dois governos vêm implementando suas reformas há mais de 10 anos. Não são, portanto, meras "tentativas" em estágio inicial. São esforços

---

[7] É importante destacar que este trabalho não visa apresentar um "estudo de caso" completo sobre as experiências cearense e pernambucana. O objetivo é contextualizar e concretizar aspectos-chave da literatura teórica à luz de alguns dos principais elementos presentes nas respectivas reformas.

razoavelmente consolidados, que passaram por diferentes ciclos políticos e que, dessa forma, podem ser analisados com alto grau de rigor frente à literatura especializada.

Sétimo, sobre algumas decisões metodológicas. No âmbito da revisão da literatura conceitual, o processo de escolha privilegiou, sempre que possível, títulos e autores amplamente reconhecidos no debate público educacional e, no caso dos autores mais citados, especialistas com longa trajetória de estudo acerca do tema "reformas educacionais". No caso dos dados, recorreu-se prioritariamente às fontes oficiais de governo e às pesquisas de opinião lideradas por renomadas organizações. E no que diz respeito às entrevistas, de modo a diminuir o risco de conflitos de interesse ou de restrições em função do cargo, optou-se por ouvir gestores públicos que não mais estão à frente dos esforços que foram objeto das conversas.

Por fim, cabe ressaltar a natureza "aplicada" deste livro. Isto faz com que a abordagem se concentre na identificação de pontos críticos que, de modo geral, ainda possuem pouco destaque nas discussões nacionais e na exposição de reflexões *práticas* para orientar a tomada de decisão de atores governamentais. Com isso, espera-se não só contribuir para o avanço do debate público educacional brasileiro, mas, principalmente, para a melhoria da gestão de sistemas subnacionais, em particular os de grande porte. Desse modo, ao final, são propostos alguns caminhos (não exaustivos) que podem orientar esse processo de reformas educacionais.

Capítulo 1
A agenda do reformismo educacional no Brasil nas últimas três décadas

A palavra "reformar", quando não aplicada à lógica da construção civil, significa *dar melhor forma a, corrigir, emendar*. E, para um país como o Brasil, que, segundo o Instituto Brasileiro de Geografia e Estatística (IBGE), em 1970 tinha menos de 50% das crianças de 4 a 17 anos matriculadas em uma escola, as tentativas de "corrigir" e "emendar" seus sistemas educacionais subnacionais nas últimas três décadas são inegáveis.

Impulsionada pela Constituição Federal de 1988, que demarcou um novo capítulo para as políticas sociais no Brasil, a década de 1990 viu florescer um novo ímpeto para a educação básica brasileira. Nesse período, não só é praticamente resolvido um cenário de maciça exclusão escolar da população de 4 a 17 anos, como é dado início a uma forte expansão do investimento público direcionado à etapa, observada até recentemente. Os gráficos 3 e 4 ilustram bem esse cenário.

Tal movimento, ainda que materializado de maneira muito tardia no Brasil, seguiu uma tendência mundial observada desde o pós-Segunda Guerra Mundial, quando, a partir da Declaração Universal dos Direitos Humanos, a educação ganha, pela primeira vez, *status* de "direito global". É também na década de 1960 que a associação da educação à agenda da produtividade e do crescimento econômico começa a ganhar força em diversos países, dando vida à ideia do *capital humano*. Dessa agenda, inclusive, deriva-se um aumento significativo do gasto público educacional ao redor do mundo, em particular nos países que até então pouco investiam em educação, como o Brasil (Abrucio e Segatto, 2021).

Gráfico 3
Taxa de atendimento escolar da população de 4 a 17 anos (%) – 1970-2019

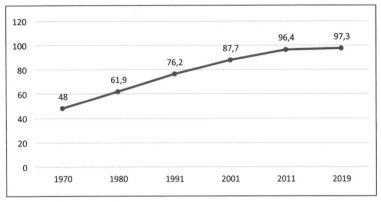

Fonte: Todos Pela Educação (2020c).

Gráfico 4
Investimento público direto em educação básica por estudante, de 2000 a 2015, com valores atualizados para 2015 pelo IPCA (R$)

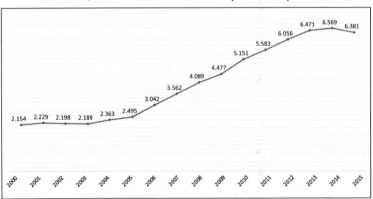

Fonte: Todos Pela Educação (2020c).

Enquanto países mais desenvolvidos já partiam de bases sólidas de financiamento, a partir da década de 1970 o Brasil deu início a um movimento inédito de expansão do gasto público com educação. O gráfico 5, que compara o investimento médio brasileiro

A AGENDA DO REFORMISMO EDUCACIONAL NO BRASIL NAS ÚLTIMAS TRÊS DÉCADAS • 33

ao de sete países-membros da Organização para a Cooperação e o Desenvolvimento Econômico (OCDE)[8] em termos percentuais do PIB,[9] ao longo das últimas décadas, dá boa noção do descaso histórico brasileiro e, ao mesmo tempo, explicita o tamanho do "esforço" realizado nos últimos anos, em particular a partir dos anos 1990.

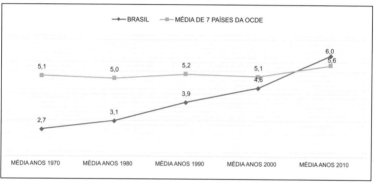

Gráfico 5
Investimento público em educação em % do PIB – anos 1970-2010
Brasil vs. média de sete países da OCDE

Fonte: elaborado pelo autor com dados de países da OCDE – Our World in Data;[10] Unesco Institute for Statistics – UIS; Banco Mundial/Dados Brasil (Maduro Júnior, 2007), para os anos 1970 até 2004; Todos Pela Educação (2020c), para os anos 2005 até 2017.

Consequentemente, tal aumento foi crucial para viabilizar, com relativo sucesso, os avanços do que pode ser chamado de "primeira geração de reformas educacionais" no Brasil: construção de escolas para aumentar o número de matrículas, melhorias na infraestrutura e equipamentos de unidades escolares já existentes,

---

[8] Os sete países selecionados são aqueles que possuem dados disponíveis para o período 1970-2017: Canadá, França, Holanda, Inglaterra, Itália, Noruega e Nova Zelândia.
[9] A métrica de investimento proporcional ao PIB é utilizada aqui apenas para aferir um indicativo de "esforço educacional". Como não existem dados consistentes de investimento público *per capita* na educação básica para o século XX, optou-se por utilizar a métrica geral (investimento público total em educação) apenas para fins de comparação.
[10] Disponível em: <https://ourworldindata.org/grapher/government-expenditure-on--education?tab=table&time=1974.latest>. Acesso em dez. 2021.

mais professores, melhores salários e avanços na titulação básica dos docentes. Peça-chave na concretização desse avanço em todo o território brasileiro foi o Fundo de Manutenção e Desenvolvimento do Ensino Fundamental e de Valorização do Magistério (Fundef), política de financiamento redistributivo, instituída em 1996, que trouxe importante impacto para o processo de universalização do acesso e melhoria dos salários dos professores (Gomes, 2019).

Ainda que por uma perspectiva de recuperação do atraso frente aos países mais desenvolvidos, os resultados da primeira geração de reformas não podem ser menosprezados; afinal, garantiram condições básicas para que o Brasil finalmente entrasse, ao fim da década de 1990, na "segunda geração de reformas", desta vez focada no desempenho dos sistemas educacionais. Essa etapa, denominada por alguns pesquisadores brasileiros "reforma baseada na gestão por resultados" (Abrucio e Segatto, 2017; Dusi, 2017) ou "reforma baseada na nova gestão pública" (Oliveira, Duarte e Clementino, 2017; Marques, 2020), ganhou impulso particular com o desencadeamento de reformas educacionais aplicadas em países como Estados Unidos e Inglaterra, a partir do final dos anos 1980 e começo dos anos 1990. Alguns dos principais alicerces da nova onda reformista eram: maior presença de padrões de desempenho (*standards*); estreitamento do currículo para focar em disciplinas e conhecimentos de "base"; crescimento da responsabilização externa de alta consequência (*high stakes accountability*); e o uso de práticas de gestão corporativa (Fuller e Stevenson, 2018).

Importante influência para o surgimento dessa nova onda de reformas foram, também, os chamados estudos sobre *eficácia escolar*. Após aproximadamente duas décadas de questionamentos sobre a capacidade da escola de mudar a realidade imposta por condições socioeconômicas dos estudantes – argumento indiretamente reforçado pelo famoso "Relatório Coleman", produzido pelo pesquisador James Coleman a pedido do governo norte-americano, na década de 1960 –, tais estudos não só evidenciavam que em certas condições havia, sim, impacto da escola (quando controladas as variáveis socioeconômicas), mas apontavam, à luz de onda inédita de dados de avaliações de aprendizagem dos alunos, quais fatores pareciam estar associados a esses impactos (Abrucio e Segatto, 2021). De posse dessas novas informações é que a premissa da agenda da gestão por resultados de que *é possível exigir mais das escolas* passa a figurar como tese dominante no debate sobre reformas educacionais.

No Brasil, que também seguiu por esse caminho, o avanço da segunda geração de reformas ganhou relevante impulso a partir de duas inovações introduzidas pelo governo federal na segunda metade da década de 1990: a definição dos primeiros conjuntos de parâmetros curriculares nacionais (PCNs) e, principalmente, a partir da criação de um robusto sistema nacional de avaliação de aprendizagem em larga escala, o Sistema de Avaliação da Educação Básica (Saeb). Com os PCNs, pela primeira vez em escala nacional, o país passou a expressar, ainda que de maneira genérica e não impositiva, diretrizes a respeito do que deveria ser ensinado/aprendido nas escolas, impactando diretamente o Programa Nacional do Livro Didático (PNLD), importante política de distribuição nacional de livros criada em 1985. E com o Saeb introduziu-se, também de maneira inédita, um mecanismo para aferir e dar transparência ao desempenho dos estudantes. Com os PCNs e com o Saeb surgia, finalmente, uma noção mais concreta sobre o que deveria ser objeto de um esforço de melhoria de qualidade de um sistema. Um ponto de chegada.

Com base nessa lógica é que uma quantidade relevante de entes subnacionais, em particular redes de ensino de grande porte, passou a organizar suas tentativas de melhorar a qualidade dos sistemas. Ao longo dos anos 2000 e começo dos anos 2010, não só é observada uma intensificação na construção de currículos e sistemas de avaliação subnacionais (ver quadro 1), mas, principalmente, "reformas educacionais" que tomavam como premissa central da transformação o estabelecimento de padrões curriculares, a criação

Quadro 1
Estados com sistemas de avaliação próprios (2015)

Estado	Sistema de avaliação	Desde
Norte		
Acre	SEAPE	2009
Amapá	SisPAEAP	2019
Amazonas	SADEM	2008
Pará	SISPAE	2013
Rondônia	SAERO	2012
Roraima	Não possui	–
Tocantins	SisAPTO	2011
Nordeste		
Alagoas	SAVEAL	2003*
Bahia	SABE	2010
Ceará	SPAECE	1992
Maranhão	SAEMA	2019
Paraíba	Avaliando IDEPB	2012
Pernambuco	SAEPE	2008
Piauí	SAEPI	2011
Rio Grande do Norte	SIMAIS	2016
Sergipe	SAESE	2019
Centro-Oeste		
Goiás	SAEGO	2011
Mato Grosso	AVALIA-MT	2017
Mato Grosso do Sul	SAEMS	2003
Distrito Federal	SIPAEDF	2007**
Sudeste		
Espírito Santo	PAEBES	2009
Minas Gerais	SIMAVE	1992
São Paulo	SARESP	1996
Rio de Janeiro	SAERJ	2000***
Sul		
Paraná	SAEP	2012
Rio Grande do Sul	SAERS	1996****
Santa Catarina	Não possui	–

*O Saveal funcionou entre 2003 e 2007 e entre 2011 e 2012, sendo reformulado em 2015.
**O Sipaedf funcionou entre 2007 e 2010 e foi retomado em 2020.
***O Saerj iniciou em 2000, mas só foi regularizado em 2008; em 2015 ele foi descontinuado.
****O Saers funcionou de 1996 a 1998 e foi reiniciado em 2005.
Fonte: Dusi (2017) até 2015. Complementações pós-2015 feitas pelo autor. Em ambos os casos, informações retiradas dos *sites* oficiais dos estados.

de um sistema de avaliação e monitoramento do desempenho escolar dos estudantes e políticas de metas e incentivos às escolas e aos atores implementadores (professores e gestores escolares) (Abrucio e Segatto, 2017; Dusi, 2017). Tal movimento contou, ainda, com dois outros importantes impulsos: primeiro, ganharam força na medida em que inúmeras reformas dos estados voltadas para a modernização da gestão pública de modo mais amplo assumiram posição central na agenda do governo nacional e subnacional (Dusi, 2017); segundo, foram alavancadas pelo *advocacy* de organizações da sociedade civil, como o Todos Pela Educação (Abrucio e Segatto, 2017), e de organismos internacionais, como a Unesco, o Banco Mundial e a OCDE (Schwartzman, 2009).

Nesse contexto, parcela da academia brasileira logo rejeitou integralmente as bases das reformas orientadas pela gestão de resultados. No cerne do argumento estava a leitura de que o movimento, ao se aproximar de ideias liberais e de conceitos associados à gestão corporativa, resultava na criação de uma escola "tecnicista", "instrumentalista" e reducionista do ponto de vista curricular. Além disso, os críticos alegavam que o caminho levava à transformação da educação em um "serviço", fragilizando a concepção da educação como um direito (Freitas, 2004). Ao longo do tempo, o entendimento de que reformas de segunda geração, ao propor a introdução de padrões (*standards*) para diferentes dimensões do sistema educacional (ex.: padrões curriculares), teriam como objetivo principal abrir espaço para a "privatização da educação" (Freitas, 2014) também passou a fazer parte do arsenal contestador. Essa associação do reformismo educacional à ideia de "privatização da educação" ganhou impulso adicional em setores da academia brasileira a partir dos trabalhos da pesquisadora norte-americana Diane Ravitch, publicados no fim dos anos 2000 e início dos anos 2010. Ainda que a visão de Ravitch não descarte os elementos de segunda geração de reformas educacionais como um todo (ver, por exemplo, Ravitch, 2010), a autora foi (e continua sendo) uma das mais ferrenhas críticas do modelo de segunda geração e do avanço de escolas-*charter* (escolas públicas geridas por um ente privado) e *vouchers* (vale-educação repassado diretamente às famílias para que matriculem seus filhos em escolas privadas) em diversos estados norte-americanos. É nesse avanço que, na visão de Ravitch e de parcela da academia brasileira, está presente o objetivo de privatização da educação.

Por outro lado, há pesquisadores que sustentaram (e ainda sustentam) que a agenda trouxe importantes contribuições ao setor educacional: primeiro, porque permitiu, pela primeira vez, o acompanhamento sistemático do desempenho dos sistemas educacionais subnacionais (Abrucio e Segatto, 2021); segundo, pois fortaleceu os mecanismos de responsabilização (*accountability*) dos sistemas perante a sociedade, a comunidade escolar e os pais dos alunos (Abrucio e Segatto, 2021); terceiro, porque viabilizou, também de maneira inédita, o planejamento de ações a partir de dados relacionados ao desempenho escolar dos estudantes (Dusi, 2017); e quarto, pois favoreceu tanto a definição clara de objetivos e estratégias quanto a articulação e a sustentação das diversas políticas, projetos e programas educacionais e intersetoriais (Dusi, 2017). Ademais, no caso do Brasil, que é marcado por um atraso histórico quanto ao investimento em educação básica, a gestão orientada por resultados cumpriu, ainda, papel significativo para aumentar a cobertura da imprensa a respeito do tema e, consequentemente, aumentar a presença da educação na pauta do debate público nacional, principalmente, a partir dos anos 2000 (Andi e MEC, 2005).

Não obstante essa leitura positiva, falhas e limites das reformas orientadas pela gestão de resultados não tardaram a aparecer. Ainda nos anos 2000, uma nova onda de pesquisas internacionais focadas nas variáveis-"meio" que levariam à melhoria dos resultados se avolumou e passou a evidenciar que, ainda que relevante em certas dimensões, a lógica da gestão por resultados utilizada até então seria insuficiente para modificar a aprendizagem dos alunos de maneira significativa (Mehta, 2013).

A partir dessas descobertas, nasce no debate educacional mais avançado uma nova onda reformista no mundo que aqui chamaremos de "terceira geração de reformas". Nela, mecanismos de responsabilização passam a ser fortemente combinados com um enfoque nos processos e nos insumos educacionais – como o recrutamento e a formação dos professores e gestores escolares e as condições necessárias para melhorar a qualidade da prática pedagógica – como principal alavanca da reforma (Abrucio e Segatto, 2021). Nos Estados Unidos, essa geração de reformas passou a ser denominada "reformas suaves" (*soft reforms*), em contraponto às "reformas duras" (*hard reforms*) da segunda geração (Mehta, 2013).

Em que pese o fato de que a força dessa "onda" no debate educacional mundial tenha ocorrido mais claramente apenas no começo dos anos 2000, alguns poucos sistemas educacionais no mundo já haviam feito essa inflexão há tempos, como a Finlândia. Mas, com o avanço da agenda em nível global, um movimento mais robusto e numeroso é observado em países como Canadá, Singapura, Coreia do Sul, Austrália e em alguns estados norte-americanos (Abrucio e Segatto, 2021). Na América Latina, é o Chile que desponta como pioneiro na condução de uma agenda educacional que buscava, a partir de então, articular uma forte ênfase no resultado final (*outputs*), com investimentos significativos nos insumos necessários para atingi-los (*inputs*).

O drama brasileiro – e que, como será argumentado adiante, corresponde a parte importante da explicação pelos resultados gerais tímidos das últimas duas décadas – é que, enquanto inúmeros países migravam de maneira acelerada para a terceira geração de reformas ao longo dos anos 2000, os sistemas educacionais subnacionais, de modo geral, ainda se encontravam imersos nas práticas da primeira e da segunda gerações de reformas, com alguns poucos avançando em conceitos da terceira geração.

Quadro 2
As três gerações de reformas educacionais nas últimas décadas

Geração de reformas	Principais características
Primeira geração	Reformas focadas na estruturação do sistema educacional para garantir o direito ao acesso e à permanência das crianças e jovens (primeira onda de universalização). Contemplam, por exemplo, a construção de escolas para aumentar o número de matrículas, melhorias na infraestrutura e equipamentos de unidades escolares já existentes, definição da qualificação básica dos professores, contratação e criação de carreira docente.
Segunda geração	Reformas baseadas na gestão por resultados e na literatura sobre efeito-escola com vistas a melhorar o desempenho escolar dos alunos. Contemplam, por exemplo, a introdução de padrões de desempenho (*standards*), estreitamento do currículo para focar em disciplinas e conhecimentos de "base", crescimento da responsabilização externa com base em avaliações da aprendizagem dos estudantes e o uso de incentivos para a melhoria individual dos professores, como bônus por desempenho.
Terceira geração	Reformas baseadas numa visão sistêmica do sistema educacional e na combinação de instrumentos de responsabilização com enfoque nos processos e nos insumos educacionais. Contemplam, por exemplo, priorização da qualificação dos atores educacionais (professores e gestores); organização das escolas como comunidades de aprendizagem, com grande espaço para o trabalho e a reflexão coletivos; ênfase na discussão sobre a melhoria do processo pedagógico como o centro da transformação educacional; articulação das escolas com serviços de saúde e assistência social; políticas para ampliação do envolvimento das famílias com a vida escolar e, especialmente, criação de um novo relacionamento entre a formulação e a implementação das reformas educacionais baseado nas ideias de coerência e descentralização coordenada, a partir das quais se deve gerar uma interação maior entre os definidores da política geral (nível central, como as Secretarias de Educação) e os atores implementadores (nível regional e, no nível local, as escolas).

Fonte: elaborado pelo autor a partir de caracterizações de Payne (2008); Mehta (2013); Abrucio e Segatto (2017, 2021); Fullan e Quinn (2016); Dusi (2017); Fuller e Stevenson (2018); Fullan e Gallagher (2020).

No caso do governo federal, a tônica durante esse mesmo período não foi diferente e, em grande medida, alimentou o aprofundamento do foco na primeira e na segunda gerações de reformas (Dusi, 2017). Ainda que a instituição do Programa de Ações Articuladas (PAR),[11] em 2007, e a aprovação da Lei do Piso Nacional do Magistério, em 2008, tenham representado importantes inovações advindas do governo federal e do Congresso Nacional, durante os anos 2000 o MEC se concentrou em evoluir políticas formuladas na década de 1990 e em expandir o alcance do sistema educacional por meio das seguintes mudanças: a criação do Índice de Desenvolvimento da Educação Básica (Ideb), a partir do já existente Saeb; mudanças de abordagem no Exame Nacional do Ensino Médio (Enem); a evolução do Fundef para o Fundeb (que ampliou o mecanismo de financiamento para toda a educação básica); o lançamento de nova versão do Plano de Desenvolvimento da Escola (PDE) e a modificação constitucional para tornar obrigatório o acesso à educação infantil e ao ensino médio (Emenda Constitucional nº 59).

Ainda que em descompasso com a tendência observada em países mais desenvolvidos, é injusto aferir um olhar excessivamente crítico aos esforços avançados ao longo dos anos 2000 pelo governo federal. Primeiro, porque importantes políticas "de base" recém-introduzidas na década de 1990 não só foram mantidas, como aprimoradas.[12] Segundo, porque, frente a um histórico de descaso

---

[11] O Plano de Ações Articuladas (PAR) é uma estratégia de assistência técnica e financeira iniciada pelo Plano de Metas Compromisso Todos Pela Educação, instituído pelo Decreto nº 6.094, de 24 de abril de 2007, fundamentada no Plano de Desenvolvimento da Educação (PDE), que consiste em oferecer aos entes federados um instrumento de diagnóstico e planejamento de política educacional concebido para estruturar e gerenciar metas definidas de forma estratégica, contribuindo para a construção de um sistema nacional de ensino. Fonte: MEC.

[12] A própria criação do Ideb e o estabelecimento de metas nacionais para a educação básica, ao serem instituídos por um governo do campo político da esquerda, cumpriram importante papel na consolidação do conceito de "metas" – até então visto como assunto "tabu" – no debate e na gestão pública educacional brasileira.

com a educação básica pública pré-Constituição Federal de 1988, diversas políticas para "recuperar o atraso", como a Lei do Piso Nacional do Magistério, ainda se faziam absolutamente necessárias. E, terceiro, porque apoiaram e induziram inúmeras redes subnacionais a empunhar esforços reformistas. Esse movimento, inclusive, é bem capturado por uma pesquisa pioneira sobre gestão e governança das redes estaduais, realizada, em 2013, pelo pesquisador Fernando Luiz Abrucio, junto a todas as 26 secretarias dos estados e do Distrito Federal. O trabalho evidenciou que, à época, basicamente todas as unidades federativas apresentavam, em maior ou menor grau, exemplos de ações reformistas "em curso",[13] sendo que algumas delas começavam a apontar para a agenda da terceira geração de reformas.

Feita essa ressalva a respeito dos esforços do governo federal durante os anos 2000, o mesmo já não pode ser dito sobre a maior parte da década seguinte. Para um país que já se via num crescente distanciamento frente ao que se avançava em sistemas educacionais de países mais desenvolvidos, a inabilidade do governo federal em impulsionar elementos da terceira geração de reformas em escala nacional durante os anos de 2010 a 2017 ampliou o descompasso. O período foi marcado pela alta instabilidade no Ministério da Educação (MEC), decorrente de sucessivas trocas de ministros – apenas entre 2010 e 2016, foram sete lideranças à frente da pasta. É verdade que, nesse período, mais especificamente em 2014, surge o novo Plano Nacional de Educação (PNE), promulgado pelo Congresso Nacional. Porém, a incapacidade do MEC em efetivar uma

---

[13] Destacam-se: a introdução de novos currículos, mudanças nos processos de seleção de diretores, mudanças nas carreiras docentes, programas específicos voltados para a qualidade no ensino médio, programas de intervenções pedagógicas nas escolas, ações em regime de colaboração, introdução de sistemas de gestão da informação, contratualização com as escolas, iniciativas de desburocratização de atividades, avanço de escolas em tempo integral, programas de articulação com as famílias e programas de tutoria pedagógica.

estratégia de ação consistente para implementar o PNE, a baixa articulação sistêmica entre as diferentes medidas propostas pelo "plano" e o mergulho do país numa grave recessão econômica, a partir de 2015, impediram que grande parte de suas promessas se efetivasse.

Um início de inflexão, finalmente, começou a ser visto quando, pós-*impeachment*, o governo federal foi capaz de efetivar agendas que sinalizavam de maneira clara para a terceira geração de reformas. Mesmo com imperfeições, a concretização de induções para a modernização da prática pedagógica presentes na inédita Base Nacional Comum Curricular (BNCC), instituída em 2018,[14] demarcou um enorme esforço nacional para reinserir o processo de ensino-aprendizagem como pilar central de uma agenda de melhoria da qualidade e da equidade em todos os níveis de ensino. No caso do ensino médio, a BNCC veio, ainda, acompanhada da chamada Lei do Novo Ensino Médio,[15] medida que objetiva reformular de maneira mais profunda a estrutura de funcionamento da etapa. Um ano depois, a aprovação, pelo Conselho Nacional de Educação, das novas Diretrizes Curriculares Nacionais (DCNs) para a formação de professores (documento que contou com forte apoio do MEC no ano de 2018) reforçou o movimento ao materializar uma nova tentativa de reformar a arquitetura dos cursos de pedagogia e de licenciatura no país, em linha com a literatura especializada e as melhores práticas internacionais.

Não obstante a ausência de induções do governo federal durante grande parte dos anos 2010, inúmeras redes de ensino brasileiras seguiram avançando suas reformas (Abrucio e Segatto, 2017; Dusi, 2017; Barros, 2018). E do ponto de vista dos resultados educacionais nacionais, tamanho esforço não foi em vão. Ainda que os resultados

---

[14] É importante destacar, porém, que a construção da Base Nacional Comum Curricular foi iniciada ainda na gestão Dilma Rousseff, em 2015.
[15] Fonte: <http://novoensinomedio.mec.gov.br/#!/marco-legal>. Acesso em: dez. 2021.

médios das avaliações nacionais mais recentes permaneçam em estado crítico, a média de proficiência dos estudantes brasileiros no quinto e no nono anos do ensino fundamental melhorou consistentemente ao longo das últimas duas décadas. Utilizando metodologia criada pela organização de *advocacy* Todos Pela Educação, a partir dos resultados oficiais do Saeb, os avanços nos indicadores de "aprendizagem adequada", em especial no quinto ano do ensino fundamental, são notáveis. Neste último caso, em quase 20 anos, os percentuais de aprendizagem adequada em língua portuguesa e em matemática praticamente triplicaram. Em língua portuguesa, o salto é de 23,7% em 2001 para 61,1% em 2019; em matemática, de 14,9% para 51,5% no mesmo período.

Gráfico 6
Percentual de aprendizagem adequada em língua portuguesa e matemática – anos iniciais do ensino fundamental (Brasil – todas as redes) – avaliação feita no 5º ano do EF

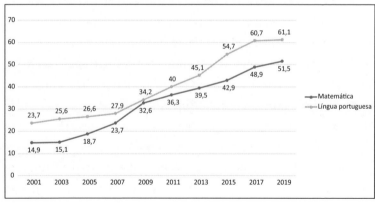

Fonte: Todos Pela Educação (2021a).[16]

---

[16] Fonte: <https://todospelaeducacao.org.br/wordpress/wp-content/uploads/2021/09/relatorio-de-aprendizagem.pdf?utm_source=site>. Acesso em: dez. 2021.

Gráfico 7
Percentual de aprendizagem adequada em língua portuguesa e matemática – anos finais do ensino fundamental (Brasil – todas as redes) – avaliação feita no 9º ano do EF

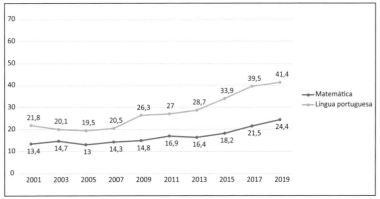

Fonte: MEC/Inep/Daeb – Saeb. Elaboração: Todos Pela Educação (2021b).

Gráfico 8
Percentual de aprendizagem adequada em língua portuguesa e matemática – ensino médio (Brasil – todas as redes) – avaliação feita na 3ª série do EM

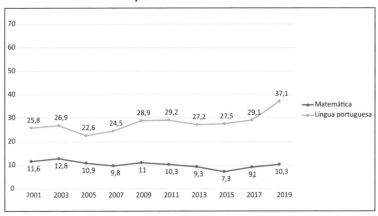

Fonte: MEC/Inep/Daeb – Saeb. Elaboração: Todos Pela Educação (2021b).

Para obter um quadro ainda mais acurado sobre o desempenho dos sistemas educacionais subnacionais nos últimos anos, é preciso, porém, ir além dos resultados médios. Afinal, num país com dimensões continentais e um histórico marcado pelas desigualdades sociais e pelo racismo estrutural, médias nacionais comumente "mascaram" informações relevantes para uma análise mais criteriosa. E, com efeito, é isso que os números a seguir denotam. Os dados presentes nas figuras 1 e 2 evidenciam como algumas das múltiplas desigualdades brasileiras – nesse caso, raça, cor e nível socioeconômico – se manifestam nesse mesmo indicador de aprendizagem adequada.

Figura 1
Porcentagem de alunos com nível de aprendizagem adequada, por raça/cor (2011-2019) – todas as etapas (Brasil)

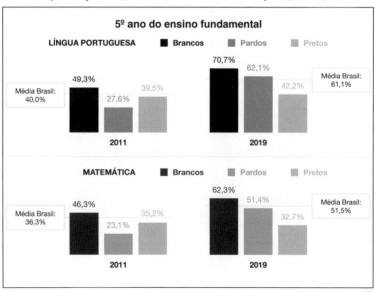

A AGENDA DO REFORMISMO EDUCACIONAL NO BRASIL NAS ÚLTIMAS TRÊS DÉCADAS • 47

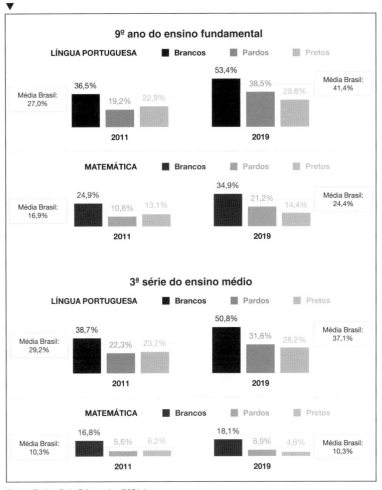

Fonte: Todos Pela Educação (2021a).

Figura 2
Porcentagem de alunos com nível de aprendizagem adequada, por nível socioeconômico (2011-2019) – todas as etapas (Brasil)

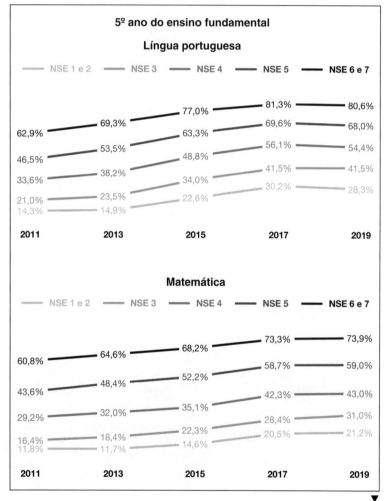

A AGENDA DO REFORMISMO EDUCACIONAL NO BRASIL NAS ÚLTIMAS TRÊS DÉCADAS • 49

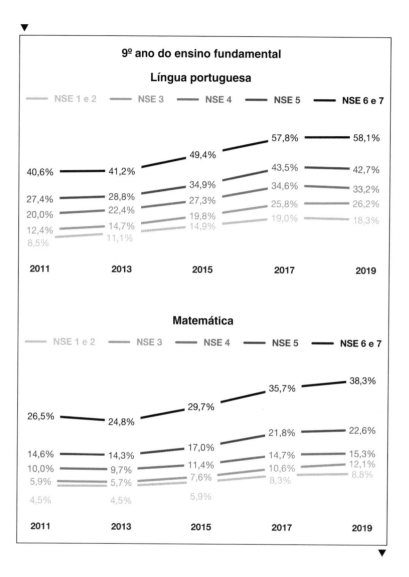

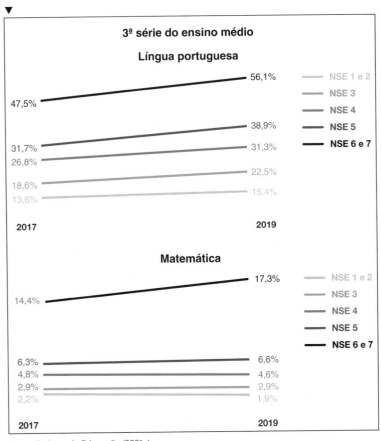

Fonte: Todos pela Educação (2021a).

Embora os dados sobre aprendizagem adequada permitam obter boa clareza – ainda que incompleta – com relação a um dos principais indicadores de qualidade do sistema educacional brasileiro, foi o Ideb, criado em 2005, que introduziu no debate educacional uma medida mais consistente – ainda que não exaustiva – para fins de comparação do desempenho educacional entre os estados (objeto principal de análise deste livro). O índice leva em consideração tanto as notas do Saeb (aprendizagem), que são as mesmas utilizadas para composição do indicador de aprendizagem adequada, quanto indicadores de fluxo (reprovação e abandono). Assim, obtém-se um indicador composto, ajustado em uma escala de 0 a 10, que mescla duas importantes dimensões educacionais.

Tomando como base o Ideb das escolas públicas em cada uma das 27 unidades da federação, os gráficos 9, 10 e 11 mostram suas respectivas evoluções durante um período de 14 anos (2005-2019). Neles fica evidente a tremenda variação nos indicadores entre estados, tanto na fotografia mais recente quanto na sua trajetória ao longo dos anos.

Gráfico 9
Evolução do Ideb (2005-2019) – anos iniciais do ensino fundamental (rede pública)

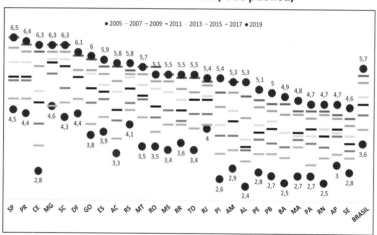

Fonte: elaborado pelo autor com dados de MEC/Inep/Daeb – Saeb.

Gráfico 10
Evolução do Ideb (2005-2019) – anos finais do ensino fundamental (rede pública)

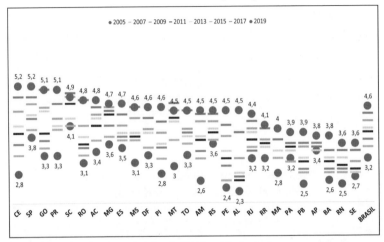

Fonte: elaborado pelo autor com dados de MEC/Inep/Daeb – Saeb.

Gráfico 11
Evolução do Ideb (2005-2019) – ensino médio (rede pública)

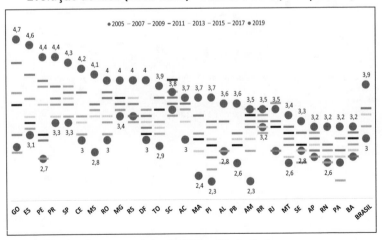

Fonte: elaborado pelo autor com dados de MEC/Inep/Daeb – Saeb.

A AGENDA DO REFORMISMO EDUCACIONAL NO BRASIL NAS ÚLTIMAS TRÊS DÉCADAS • 53

Figura 3
Relação Ideb – anos iniciais do ensino fundamental (2019) e PIB per capita (2019)

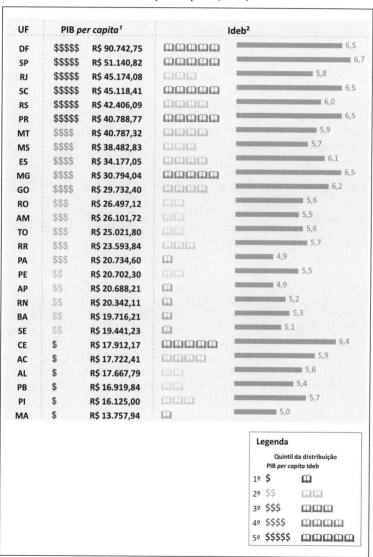

Fonte 1: Sistema de Contas Nacionais e estimativas populacionais IBGE/2019.
Fonte 2: elaborada pelo autor com dados de Inep/MEC/2019.

Figura 4
Relação Ideb – anos finais do ensino fundamental (2019) e PIB *per capita* (2019)

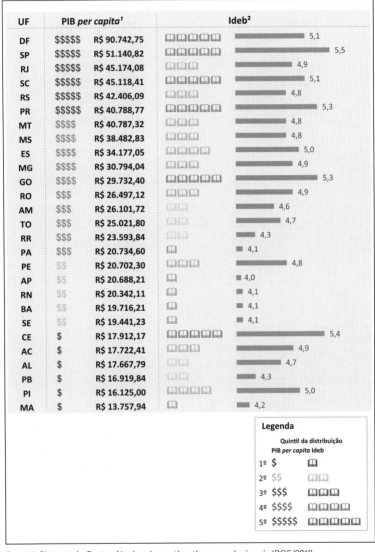

Fonte 1: Sistema de Contas Nacionais e estimativas populacionais IBGE/2019.
Fonte 2: elaborada pelo autor com dados de Inep/MEC/2019.

Figura 5
Relação Ideb – ensino médio (2019) e PIB per capita (2019)

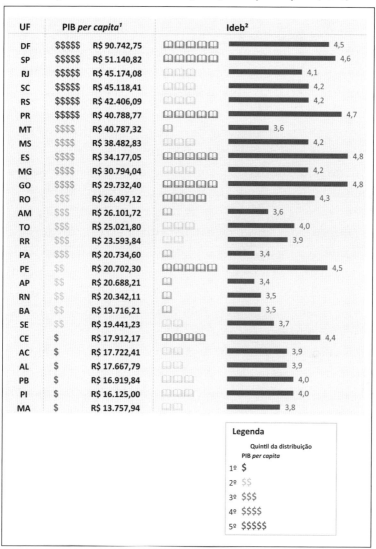

Fonte 1: Sistema de Contas Nacionais e estimativas populacionais IBGE/2019.
Fonte 2: elaborada pelo autor com dados de Inep/MEC/2019.

Além de elucidar as significativas heterogeneidades nos resultados entre e intraestados, os resultados do Ideb, correlacionados aos PIBs *per capita* dos estados, também permitem extrair outra informação que, para este livro, é de suma relevância: mesmo entre localidades com níveis socioeconômicos similares, a heterogeneidade é grande. Isso se torna ainda mais evidente ao observarmos as figuras 3, 4 e 5, nas páginas anteriores.

Feita uma breve síntese sobre o reformismo educacional brasileiro nas últimas três décadas e seus resultados, voltemos, então, à pergunta central deste livro: se, nas últimas décadas, houve significativos esforços educacionais empreendidos pelo poder público subnacional – alguns dos quais associados à terceira geração de reformas – e há importante variação nos resultados, o que explica as diferenças de efetividade, em particular para os casos de êxito?

Como já mencionado na introdução, para buscar respondê-la, daqui em diante serão realizados dois movimentos intercalados: (1) recorrer à fronteira do conhecimento mundial a respeito das segunda e terceira gerações de reformas – conhecimento este gerado, fundamentalmente, nos últimos 10-15 anos a partir da experiência de sistemas ao redor do mundo que, há décadas, adentraram essas agendas; (2) traçar paralelos entre esses conhecimentos e casos específicos de reformas brasileiras, em especial aquelas que têm demonstrado maior efetividade na melhoria dos resultados educacionais: Ceará (nos anos iniciais do ensino fundamental) e Pernambuco (no ensino médio). A partir desse exercício é que se elencará um conjunto de aspectos que ajudam a explicar as diferenças de efetividade entre reformas educacionais no Brasil. Começaremos a ver a seguir os elementos que comporão essa análise.

Capítulo 2
Por que (muitas) reformas deixam a desejar?

A vexatória trajetória do financiamento educacional no Brasil, que, como vimos no capítulo anterior, apenas recentemente começou a ser corrigida, não pode ser menosprezada como parte da explicação para a incapacidade de mudanças mais vigorosas nos resultados das últimas décadas. Mas apenas como parte. Afinal, considerando que há um crescente número de redes de ensino que demonstram ser possível fazer muito melhor que a média nacional, fica evidente que a explicação requer um forte complemento. Tendo isso em vista, a busca pelas respostas que reflitam um quadro mais completo deve, portanto, concentrar-se na discussão sobre *como* as tentativas recentes de melhorar a qualidade da educação em redes de grande porte vêm sendo conduzidas. Em outras palavras, como tais reformas são formuladas e implementadas.

Neste capítulo, o enfoque está nas premissas e nas decisões sobre formulação e implementação que, conforme se sustentará, estariam fortemente associadas a reformas educacionais subnacionais de baixa efetividade. Três explicações serão apresentadas: (1) reformas se tornam menos efetivas quando insistem exclusivamente na ideia de que padrões, metas e incentivos podem ser "as" alavancas de uma transformação significativa; (2) reformas deixam a desejar quando são fortemente formuladas e implementadas a partir de uma gestão altamente centralizada; (3) reformas ficam aquém do prometido quando a maior parte de suas políticas mantém caráter uniforme e de curta duração. A seguir, cada um dos argumentos será detalhado.

A equivocada insistência em padrões, metas e incentivos como "a" alavanca da reforma

Se os professores soubessem dar uma aula melhor, eles dariam.

Richard Elmore

Como vimos no capítulo 1, passados aproximadamente 10-15 anos desde que reformas educacionais orientadas pela gestão por resultados passaram a ser uma estratégia comum entre redes brasileiras de grande porte, os resultados do Saeb e do Ideb, apesar da evolução expressiva nos anos iniciais do ensino fundamental, ainda se encontram em patamar crítico em todos os níveis de ensino, em especial no caso dos anos finais do ensino fundamental e do ensino médio. À luz desses resultados, críticas fervorosas a respeito de reformas baseadas em padrões, metas, incentivos (características- -chave das reformas de segunda geração) avolumaram-se no debate acadêmico brasileiro nos últimos anos (Oliveira, 2013; Freitas, 2014, 2018; Dambros e Mussio, 2014; Cária e Oliveira, 2015). Mas estariam tais críticos certos? O estabelecimento de padrões, metas, incentivos é mesmo um equívoco enquanto estratégia para avançar uma reforma educacional?

Partindo de uma análise minuciosa da experiência norte- -americana de implementação de reformas baseadas em padrões nas últimas quatro décadas (que, de modo geral, também não fez jus à promessa de transformação na aprendizagem dos alunos), o pesquisador norte-americano Jal Mehta, da Universidade de Harvard, argumenta, em seu livro *The allure of order: high hopes, dashed expectations, and the troubled quest to remake American schooling* (*A fascinação pela ordem: altas esperanças, expectativas destroçadas e a problemática busca para refazer o ensino norte-americano*, em tradução livre), que, em parte, os críticos estão certos. No caso dos Estados Unidos, segundo Mehta (2013), a principal armadilha de reformas educacionais ancoradas em padrões (*standard based reforms*) está na crença exagerada de que padrões – e suas derivações (currículo, avaliações, sistemas de incentivo) – são "a" alavanca de mudanças.

Na visão de Mehta, essa crença exagerada surge do pressuposto enraizado em diversos tomadores de decisão de que baixos resultados educacionais são apenas uma questão de baixa motivação dos atores implementadores. Portanto, para melhorar o sistema, bastaria "estabelecer o padrão" e criar bons mecanismos de incentivos para que melhores resultados fossem atingidos. O equívoco, para Mehta, está no menosprezo ao fato de que sem que se melhorem substancialmente as habilidades e os conhecimentos dos agentes no nível da escola (professores e gestores escolares), incentivos são insuficientes para promover mudanças. A frase do também pesquisador de Harvard Richard Elmore (Mehta, 2013), destacada no começo desta seção, sintetiza o argumento de Mehta: "Se os professores soubessem dar uma aula melhor, eles dariam".

Apesar da análise crítica às reformas baseadas em padrões, Mehta não desqualifica a importância de estabelecer padrões quando o objetivo é promover transformações sistêmicas. Pelo contrário, na visão do autor, há que se ter o padrão (*output*), mas a reforma não pode ser ancorada nele. A âncora, ou a orientação, há de estar nos insumos e nos processos (entendidos aqui como o investimento no fortalecimento dos conhecimentos e da prática profissional dos atores implementadores). Posto de outra forma, Mehta faz duras críticas à forma como reformas baseadas em padrões são conduzidas, mas não refuta o papel que padrões, metas e incentivos podem ter na busca por melhores resultados educacionais.

Trata-se, sem dúvida, de uma visão bastante contemporânea sobre o tema, em especial, pensando no contexto brasileiro. Afinal, por aqui, dois extremos ainda marcam presença no debate público: de um lado, aqueles que se ancoram numa visão fortemente gerencialista (basta estabelecer padrões, metas e incentivos); de outro, os que se opõem a tudo que diz respeito ao estabelecimento de padrões. Mas Mehta não está sozinho. Esse entendimento é também compartilhado por, pelo menos, três outros importantes pesquisadores de reformas educacionais nos Estados Unidos e no mundo: os canadenses Michael Fullan e Joanne Quinn, e o também norte-americano Charles Payne. Fullan é bastante conhecido pela sua defesa, que vem desde os anos 2000, de que, quando o assunto é reforma educacional em larga escala, não há solução mágica – "é o efeito da interação entre diferentes medidas que consegue produzir impacto substancial" (Fullan, 2009:108). Não obstante essa máxima, em seus últimos trabalhos Fullan tem dedicado atenção particular ao tema da construção de capacidade institucional (*capacity building*) como elemento central para o avanço e a sustentação de reformas ao longo do tempo. Como argumenta em *Coherence: the right drivers in action for schools, districts, and systems* (Coerência: as alavancas de ação corretas para escolas, distritos e sistemas, em tradução livre), livro publicado em 2016 e escrito com a pesquisadora Joanne Quinn, "nenhum sistema ou distrito escolar no mundo conseguiu promover avanços significativos para os estudantes sem um foco implacável no processo de ensino e aprendizagem" (Fullan e Quinn, 2016:79). Ou seja, sem que o enfoque esteja no que acontece na relação professor-aluno, naquilo que ocorre dentro da sala de aula, mudanças estruturais dificilmente se materializam. Além disso, Fullan e Quinn corroboram a argumentação de Mehta ao sustentarem que, por mais que estratégias de responsabilização externa (*external accountability*) – tais como padrões, avaliações externas, metas e incentivos – tenham papel importante na promoção de resultados em nível de sistema (veremos mais sobre isso no capítulo 3), elas não funcionam por si sós, uma vez que, na melhor das hipóteses, elas somente nos dizem que o sistema não está performando; não nos dizem e não dão nenhuma pista aos atores implementadores sobre *como* resolver os problemas educacionais.

Charles Payne vai nesse mesmo sentido em *So much reform, so little change* (*Tanta reforma, tão pouca mudança*, em tradução livre), obra publicada em 2008 que analisa duas décadas de reformas educacionais na cidade de Chicago, no estado de Illinois, nos Estados Unidos. O pesquisador argumenta que

mesmo que padrões sirvam para promover um importante "alinhamento" entre políticas, e que tal alinhamento possa reduzir entraves para mudanças, mandar uma mensagem coerente de apoio à reforma, criar incentivos e impulsionar ferramentas úteis para os professores, tal esforço, por si só, não consegue mudar o entendimento dos professores e as ideias que guiam a sua atuação em sala de aula [Payne, 2008:171].

Em outras palavras, Fullan, Quinn e Payne ecoam aquilo que Mehta explicita: em que pese o fato de currículo, avaliações, metas e incentivos serem importantes instrumentos para impulsionar mudanças, a chave para a transformação do desempenho escolar dos alunos está no investimento direto na melhoria da prática e do conhecimento profissional dos professores e dos gestores escolares.

A aterrissagem dessa análise crítica ao Brasil precisa, é claro, ser feita com cautela. Afinal, por aqui os esforços reformistas, que de modo geral têm tido a lógica da segunda geração como "agenda orientadora", são recentes e foram iniciados quando as reformas de primeira geração mal tinham sido terminadas. Assim, na maioria dos casos, são reformas que não atingiram (ou pelo menos *ainda* não atingiram) a mesma intensidade que alguns sistemas educacionais ao redor do mundo alcançaram. Um exemplo disso é que a associação do desenho das carreiras docentes ao desempenho dos alunos, prática comum nos sistemas que aprofundaram a agenda da segunda geração de reformas, sequer chegou a ser avançada no Brasil.

Não obstante, a argumentação de Mehta, Fullan, Quinn e Payne traz importantes lições para o debate brasileiro. Isso porque, de modo geral, ao observarmos a maneira como reformas educacionais orientadas pela gestão de resultados têm sido desencadeadas em redes de ensino brasileiras de grande porte nos últimos anos, encontraremos mais semelhanças com o contexto norte-americano do que diferenças: muita ênfase no padrão e nos instrumentos que dele derivam, e pouca ênfase em ações de melhoria da atuação dos recursos humanos que fazem a educação acontecer.

Se, por um lado, a ênfase no padrão e nos instrumentos que dele derivam encontra sustentação no grande número de currículos e sistemas de avaliação subnacionais existentes pré-Base Nacional Comum Curricular (BNCC), o entendimento de que a importância atribuída ao investimento direto nos recursos humanos é baixa encontra respaldo em, pelo menos, três fatos:

- Baixo investimento em ações de formação continuada de professores por parte das secretarias: pesquisa de opinião nacional com professores, realizada em 2017, revelou que apenas 33% dos docentes indicam que há diretrizes da sua respectiva Secretaria de Educação para orientar ações de formação continuada nas escolas (Todos Pela Educação e Itaú Social, 2018).

- Quando desencadeadas, ações de formação continuada organizadas pelas redes de ensino tendem a assumir caráter instrumental e possuem baixa articulação com outras políticas docentes (Davis et al., 2011), características contrárias àquelas que possuem evidências de impacto na prática pedagógica (Moriconi et al., 2017).

- Ausência de carreiras docentes orientadas para o desenvolvimento profissional – o que prevalece são modelos de carreiras que incentivam e valorizam o tempo de regência e titulação (Todos Pela Educação, 2018a).

Na medida em que o país acaba de promover um esforço sem precedentes de (re)formulação de currículos em todos os estados e municípios a partir de uma inédita Base Nacional Comum Curricular, a discussão sobre o entendimento do papel e limites de padrões na promoção de melhorias de qualidade educacional é absolutamente crucial. Afinal, caso o processo de implementação desses "novos" currículos seja enfatizado pela mesma lógica que guiou grande parte dos esforços de reformas educacionais no Brasil nos últimos anos, são altas as chances de que tamanha empreitada tenha impacto muito aquém do esperado e prometido. Como fazer diferente é o que veremos mais adiante, no capítulo 3.

Minando a reforma a partir de uma gestão altamente centralizada

> *Profissionais do chão da escola enxergam as particularidades; eles podem até não ter um senso completo sobre o funcionamento da unidade escolar em que atuam, mas eles sabem muito, incluindo muita coisa que não é fácil de ser medida a respeito das escolas em que eles atuam.*
>
> Jal Mehta

Um dos principais aspectos que tornam a gestão de secretarias de grande porte um desafio de alta complexidade é o gigantismo das próprias redes. No Brasil, "redes de grande porte" contêm centenas, se não milhares, de unidades escolares. Diante desse quadro, é compreensível (e até desejável) que muitos dos programas e políticas desencadeados pelas Secretarias de Educação sejam altamente centralizados – em especial, quando a escala joga a favor do uso mais eficiente do recurso público (caso de compra de materiais escolares, por exemplo). Em sentido similar, políticas que dão direcionamento ao sistema, como currículo e avaliações, necessariamente, precisam ser disparadas pelo órgão central. Idem para o caso da realização de concursos para professores, desenho de carreiras docentes e políticas de transporte e merenda escolar.

O problema da dinâmica dos sistemas subnacionais brasileiros de grande porte é que comumente a lógica da centralização acaba indo muito além das tarefas que só o órgão central pode desempenhar. Devido ao fato de que, no Brasil, a governança educacional historicamente adota um modelo "rede-orientado"[17] – *versus* "escola-orientado", observado nos países anglo-saxões e nórdicos (Abrucio, 2010; Dalmon, Siqueira e Braga, 2018) – e, muitas vezes, partindo da premissa de que a melhor solução para os problemas das escolas há de estar nos gabinetes dos órgãos centrais (afinal, em tese, lá devem estar as melhores "cabeças"), muitas secretarias disparam políticas e programas de toda sorte para tentar "resolver os problemas" a partir do topo.

Tem problema de violência nas escolas? Cria-se um programa de combate à violência escolar. Há desafios de evasão nas escolas? Nasce outro programa de enfrentamento à questão. Há problemas de defasagem escolar em matemática em grande parte da rede? Desenha-se uma iniciativa para que o maior número possível de professores participe de uma formação *online* para melhorar sua didática.

Este tipo de movimento – muitas vezes, orientado pelas melhores das intenções – surte efeito do ponto de vista político. Poder dizer que o governo está lançando dezenas de ações para melhorar a educação é, sem dúvida, uma forma eficiente de "mostrar serviço" (Mehta, 2013). Mas há ao menos duas consequências prejudiciais frequentemente observadas com a lógica excessivamente centralizadora e que se constituem como detratores de reformas educacionais no Brasil.

Primeiro, uma gestão centralizadora frequentemente cai na armadilha do disparo de múltiplas ações que não só não se conectam entre si, mas, em última instância, inundam e confundem as escolas. Payne (2008:178) é categórico: "escolas não conseguem alcançar uma ação coerente se eles estão querendo resolver tudo ao mesmo tempo".

---

[17] Essa característica se dá, fundamentalmente, devido ao fato de que os sistemas surgiram em ritmo altamente acelerado.

Fullan e Quinn (2016:20), ao discorrerem sobre sistemas educacionais ao redor do mundo que "patinam" nos resultados, vão além:

Hoje em dia o problema não é a ausência de objetivos nos distritos e escolas, mas a presença de muitos objetivos para múltiplas finalidades, desconexas e que mudam a todo momento. [...] Há sobrecarga e fragmentação. Mesmo que sejam boas ideias, o simples volume torna impossível para as pessoas absorverem de forma a dar profundidade. [...] Lutar para implementar muitas direções e sem senso de coerência entre elas resulta em paralisia e frustração.

Com efeito, a já mencionada pesquisa de Abrucio sobre a gestão e a governança das redes estaduais do país deflagrou exatamente isso. Entre as conclusões gerais, o estudo apontou que, na vasta maioria das redes de ensino, as escolas externaram o desejo de serem mais ouvidas, de terem articulação mais alinhada com a secretaria, para evitar que sejam "um depósito de ações" (Abrucio, 2013:35).

A segunda consequência negativa é que a lógica centralizadora vem, frequentemente, acompanhada do ímpeto de buscar "controle a partir do topo", o que, por sua vez, tende a fragilizar o elo com os atores implementadores das políticas (gestores escolares e professores). Esse conceito é pilar central do já mencionado livro *The allure of order*, de Jal Mehta (2013). Na obra, o autor sustenta que a "fascinação por ordem" de muitos gestores públicos de órgãos centrais é o que está na raiz das fracassadas tentativas de reformas educacionais em estados norte-americanos.

Em seu trabalho, Mehta (2013:40) explicita que a "fascinação por ordem" nasce da premissa de que "o caminho para melhorar o sistema é fazer com que aqueles que estão nas escolas façam o que os administradores centrais estabeleçam. Nessa lógica, 'gestão frouxa' é o problema e 'implementação firme' a solução".

O entrave, conforme Mehta defende, é que se trata de uma estratégia de ação altamente limitada para melhorar a qualidade do sistema, já que "o processo de ensino-aprendizagem é muito complexo e, portanto, difícil de ser 'racionalizado' a distância" (Mehta (2013:40). Na visão do autor, a tentativa de "dirigir" a atuação dos atores implementadores a partir do topo contribui, inclusive, para alienar e desengajar a comunidade escolar. E o resultado final é a desconfiança mútua entre formulador e implementador.

De fato, a opinião dos professores brasileiros mostra que, em geral, há tremenda desconfiança dos professores em relação a suas respectivas Secretarias de Educação. Em pesquisa de opinião realizada com professores brasileiros em 2018 (Todos Pela Educação e Itaú Social, 2018), 59% dos docentes dizem não acreditar que sua respectiva secretaria esteja efetivamente preocupada com a melhoria da aprendizagem dos alunos. Aplicando o filtro "professores de redes estaduais", parâmetro que evidencia um quadro mais próximo ao de redes de grande porte, o número sobe para assustadores 69%.

Mehta novamente não está sozinho naquilo que defende e, nesse caso, suas ideias tampouco são inéditas. Em 1980, ao cunhar o conceito do "burocrata de nível de rua", no livro *Street-level bureaucracy*, o cientista político Michael Lipsky transformou o campo de estudos de implementação de políticas públicas. Em que pese o raciocínio ter conotações mais amplas do que a abordagem de Mehta, os argumentos de Lipsky corroboram a ideia de que a tentativa de controle do serviço público local a partir da administração central não só é inócua como contraproducente à natureza de atividades complexas (como a docência).

O argumento de Lipsky deriva-se da ideia do que ele chama de "poder discricionário". Grosso modo, o conceito da discricionariedade, tal como evidenciado por Lipsky, refere-se à liberdade que um profissional tem quando consideradas as regras e o contexto do seu trabalho. Trata-se, por exemplo, da margem de manobra que um policial tem ao abordar um suspeito, ou, no caso da educação, da escolha que um professor faz ao utilizar uma estratégia didática específica em detrimento de outra (Lipsky, 1980).

Conforme o autor detalha, o conceito ganha relevância na medida em que a discricionariedade é algo inerente à função do "burocrata de nível de rua", e o que realmente importa é, portanto, como o profissional faz uso desse poder. É daí, inclusive, que vem uma das mais importantes ideias do livro: de que "burocratas de nível de rua", como os professores, "produzem" políticas públicas. Para sustentar esse argumento, Lipsky (1980:58) detalha três características dos trabalhos dos burocratas de nível de rua que "tornam difícil, se não impossível, reduzir drasticamente a discricionariedade":

[...] os burocratas de nível de rua, muitas vezes, trabalham em situações muito complicadas que não podem ser reduzidas a formatos programáticos.

[...] os burocratas de nível de rua trabalham em situações que, muitas vezes, requerem respostas para as dimensões humanas das situações; (assim) eles têm discricionariedade porque suas tarefas demandam legitimamente observação e julgamento sensíveis, que não são redutíveis a formatos programados.

[...] a discricionariedade de nível de rua promove a autoestima dos trabalhadores e incentiva os clientes a acreditarem que os trabalhadores possuem a chave de acesso para seu bem-estar.

Ou seja, tanto Lipsky, em 1980, quanto Mehta, pouco mais de 30 anos depois, sustentam que a chave para promover mudanças estruturantes e duradouras na qualidade da provisão educacional, em particular em sistemas de grande porte, não está nos disparos, ordens ou comandos advindos da burocracia central (ainda que tenham importante valor para transformações sistêmicas). Voltando a Mehta (2013), não só não é possível "ver tudo do gabinete", como muito do que não se vê é precisamente aquilo que pode fazer a diferença no contexto local:

Formuladores de políticas públicas são, por definição, responsáveis por muitas escolas e se encontram a uma distância considerável das mesmas. Gestores escolares e professores são responsáveis por uma única escola e se encontram dentro delas. O resultado é que os dois grupos têm dois jeitos diferentes de ver a questão. Formuladores enxergam as características gerais de escolas, aspectos que podem ser contabilizados e medidos de longe. Profissionais do chão da escola enxergam as particularidades; eles podem até não ter um senso completo sobre o funcionamento da unidade escolar em que atuam, mas eles sabem muito, incluindo muita coisa que não é fácil de ser medida a respeito das escolas em que eles atuam [Metha, 2013:31].

Ainda que dito de formas distintas e em diferentes contextos históricos, tanto Lipsky quanto Mehta reconhecem a implementação de políticas públicas como um processo no qual há vontades, conflitos, interesses e valores mobilizados por "burocratas do nível de rua". Mais ainda, ambos deixam claro que, em vez de se tentar "controlar" ou "bloquear" a incidência desses fatores, esses elementos devem, na realidade, ser incorporados às dinâmicas de formulação e implementação de um processo de reforma. Como avançar nesse sentido é, precisamente, o que veremos em detalhes mais adiante, no capítulo 3.

O limite de políticas uniformes frente à complexa dinâmica escolar

> *Esperar que apenas boas ideias farão a diferença*
> *em escolas com uma infraestrutura social profundamente*
> *danificada é análogo a tentar acender uma*
> *vela dentro de um túnel de vento.*
> Charles Payne

Assim como no caso da centralização, redes de grande porte demandam, em alguma medida, ações de caráter universal. Isto é, políticas públicas que sejam capazes de alcançar todas as escolas de um sistema de maneira homogênea, beneficiando todos. Nesse caso, é comum que os mesmos argumentos para a necessidade de centralização – como ganho de escala –, assim como a máxima do atendimento igualitário, sejam aplicados para justificar a necessidade de políticas e programas universais.

O problema da lógica universal de políticas públicas em redes de grande porte nasce quando todas, ou grande parte das ações, assumem esse caráter. Isso porque territórios geograficamente abrangentes normalmente possuem múltiplos contextos e, naturalmente, diferentes desafios e demandas. Nesses ambientes, políticas *uniformes* – característica inerente à lógica universal – invariavelmente acabam perdendo aderência à realidade de inúmeras localidades.

Com efeito, é isso que os dados brasileiros sugerem. A já referida pesquisa com professores brasileiros realizada em 2018 (Todos Pela Educação e Itaú Social, 2018) deixa isso claro: nada menos do que 66% dos docentes, no Brasil, indicam que os programas de suas secretarias não estão alinhados às realidades das escolas. Circunscrito apenas às redes estaduais, este resultado vai para alarmantes 76%.

O problema da "política de caráter uniforme" em redes de grande porte vai além da falta de aderência local. Em situações de alta heterogeneidade territorial, a aplicação universal faz com que contextos mais vulneráveis, que exigem maior esforço, recebam a mesma dose de investimento que locais menos vulneráveis. Melhorar a qualidade das escolas, de modo geral, já é muito difícil em qualquer lugar. Melhorar a qualidade de escolas em contextos vulneráveis – que é o caso de parte significativa das escolas brasileiras – é tarefa ainda mais complexa, em particular quando essas escolas fazem parte de redes de grande porte.

Conforme metodologia[18] criada pelo Instituto Nacional de Estudos e Pesquisas Educacionais Anísio Teixeira (Inep/MEC), que

---

[18] Fonte: <https://download.inep.gov.br/informacoes_estatisticas/indicadores_educacionais/2015/nota_tecnica/nota_tecnica_inep_inse_2015.pdf>. Acesso em: dez. 2021.

objetiva mensurar o nível socioeconômico (NSE) dos estudantes brasileiros, mais de 60% das escolas pertencem aos chamados grupos 1, 2 e 3 (na metodologia, há seis grupos – ver tabela 1). Nesses grupos, predominam alunos que se encontram abaixo do nível 4 de uma escala de oito níveis de NSE (ver tabela 2). No nível 3, a título de referência, a renda familiar mensal é entre 1 e 1,5 salário mínimo e seus responsáveis completaram apenas o ensino fundamental ou o ensino médio. São, portanto, escolas que, além dos desafios educacionais propriamente ditos, lidam, em maior ou menor grau, com cenários de pobreza ou extrema pobreza e baixa participação dos pais ou responsáveis no dia a dia escolar.

Tabela 1
Quantitativo de escolas por grupo de NSE

Grupos de escolas	Frequência absoluta	Percentual
Grupo 1	3.690	5,44%
Grupo 2	10.440	15,40%
Grupo 3	26.864	39,63%
Grupo 4	17.895	26,40%
Grupo 5	6.947	10,25%
Grupo 6	1.948	2,87%
Total	67.784	100%

Fonte: Inep/MEC.

Tabela 2
Descrição dos grupos de escolas em relação ao NSE

Grupos de escolas	Nível I	Nível II	Nível III	Nível IV	Nível V	Nível VI	Nível VII	Nível VIII	Total
Grupo 1	1,35%	69,96%	21,41%	5,94%	1,17%	0,16%	0,01%	0,00%	100%
Grupo 2	0,26%	42,47%	35,74%	16,20%	4,56%	0,71%	0,05%	0,01%	100%
Grupo 3	0,07%	16,22%	34,67%	31,87%	14,14%	2,82%	0,19%	0,02%	100%
Grupo 4	0,03%	4,27%	20,60%	38,88%	28,14%	7,51%	0,54%	0,04%	100%
Grupo 5	0,02%	1,01%	8,20%	29,66%	42,04%	17,75%	1,24%	0,08%	100%
Grupo 6	0,02%	0,15%	1,14%	8,27%	34,58%	48,07%	7,35%	0,41%	100%

Fonte: Inep/MEC.

Em tais contextos, o bom senso diria que o esforço do poder público deveria ser mais vigoroso. Mas, na prática, o contrário é observado. No Brasil, são essas as escolas que, de modo geral, recebem menos recursos financeiros e são dotadas de recursos humanos com menor experiência e capacidade profissional. Não por acaso, são escolas em que imperam os baixos resultados. Soares et al. (2012), em pesquisa realizada em 2012 sobre os fatores associados à exclusão escolar no Brasil, demonstram haver alta correlação entre a baixa preponderância de inúmeros recursos escolares e o baixo desempenho na "Prova Brasil".

Em que pese o significativo avanço recente do novo Fundeb, que, até 2026, deverá fazer do financiamento educacional brasileiro algo mais redistributivo em benefício das localidades mais pobres, décadas de baixa alocação de recursos (financeiros e humanos) e de ausência de políticas específicas para as localidades mais desafiadoras resultam não só em um quadro de baixos resultados, mas também em cenários de difícil reversão. Isso porque, com o tempo, tais escolas, ao serem "abandonadas" pelo poder público, tornam-se "desmoralizadas" e quase "impenetráveis" à ação externa.

Este é o principal argumento do já mencionado pesquisador norte-americano Charles Payne no livro *So much reform, so little change*. Na obra, que aborda de maneira detalhada os sucessivos fracassos de reformas educacionais na cidade de Chicago, em Illinois, nos Estados Unidos, Payne evidencia que escolas que enfrentam inúmeros desafios extraescolares e que, durante um longo período, não são equipadas e apoiadas para enfrentá-los, transformam-se, eventualmente, em locais inóspitos à mudança. Segundo Payne, nessas unidades escolares, consolidam-se "barreiras sociais" para a melhoria escolar, tais como baixas expectativas e confiança entre atores internos, crença generalizada de que ações da secretaria sempre falham, suspeições de atores externos, frágil comunicação interna, cultura de "falsa felicidade", raiva generalizada e uma tendência a particularizar tudo, tornando irrelevante a experiência de outras escolas (Payne, 2008:26). Além de barreiras sociais, surgem o que Payne classifica como "barreiras micropolíticas", por exemplo, a percepção generalizada de que o diretor escolar favorece professores específicos, a tendência a atribuir "novos" programas a professores mais novos, professores pouco ou nada abertos a participar de processos de decisão e diretor escolar pouco ou nada aberto a críticas (Payne, 2008:40).

Frente a esses contextos é que Payne explicita seu entendimento de que "esperar que apenas boas ideias farão a diferença em escolas com uma infraestrutura social profundamente danificada é análogo a tentar acender uma vela dentro de um túnel de vento" (Payne, 2008:34). Em outras palavras, o autor argumenta que o ambiente que se solidifica nessas escolas cria uma blindagem às ações de natureza uniforme, superficiais e/ou de curta duração (padrão comum em reformas educacionais brasileiras nas últimas três décadas):

> Fracasso institucional pode criar um ambiente social que encoraja ainda mais fracasso, numa verdadeira espiral negativa. Ao mesmo tempo, sinergias positivas podem demorar a vir, se é que aparecem; em ambientes "danificados", um passo no caminho certo não necessariamente leva a outro [Payne, 2008:45].

Em que pese o fato de que as análises de Payne se restringem ao contexto de uma cidade americana, a literatura acadêmica brasileira mais recente sobre "clima escolar" sugere que suas descrições e conclusões guardam particular semelhança com a realidade das escolas brasileiras. Telma Vinha, da Universidade Estadual de Campinas (Unicamp) e uma das principais pesquisadoras nesse campo, descreve o conceito de "clima escolar" da seguinte forma:

> Compreendemos o clima escolar como o conjunto de percepções em relação à instituição de ensino que, em geral, descortina os fatores relacionados à organização, às estruturas pedagógica e adminis-

trativa, além das relações humanas que ocorrem no espaço escolar. O clima corresponde às percepções individuais elaboradas a partir de um contexto real comum, portanto, constitui-se de avaliações subjetivas. Refere-se à atmosfera de uma escola, ou seja, à qualidade dos relacionamentos e dos conhecimentos que ali são trabalhados, além dos valores, atitudes, sentimentos e sensações partilhados entre docentes, discentes, equipe gestora, funcionários e famílias. Trata-se, assim, de uma espécie de "personalidade coletiva" da instituição, sendo que cada escola tem seu próprio clima. Ele determina a qualidade de vida e a produtividade dos docentes, dos alunos, e permite conhecer os aspectos de natureza moral que permeiam as relações na escola. O clima, portanto, é um fator crítico para a saúde e para a eficácia de uma escola [Vinha et al., 2016:101].

Mas, segundo Payne (2008), há mais. Escolas "desmoralizadas" são, também, escolas "irracionais". Nesses ambientes, o autor sustenta que qualquer tentativa de intervenção por parte dos órgãos centrais ou regionais de Secretarias de Educação precisa entender que mudanças na "estrutura" da escola (currículo, materiais, horários para colaboração, estruturas de comunicação etc.) – em que pese terem seu valor – não conseguirão, por si sós, produzir mudanças significativas. Sem uma ação intensiva, duradoura e altamente contextualizada, Payne argumenta que não é possível penetrar ambientes desmoralizados.

Diagnósticos e soluções que dialogam com esse entendimento são raramente encontrados no debate público brasileiro. Não por acaso, a lógica de políticas de caráter uniforme ainda é elemento dominante. Isso posto, não surpreende a persistência dos baixos resultados na maior parte das redes de ensino de grande porte. Mas, felizmente, há exceções. E é isso que começaremos a ver a partir do próximo capítulo.

Capítulo 3

Por que (algumas poucas) reformas avançam de modo mais efetivo?

Se no capítulo anterior foram apresentados os equívocos e as insuficiências comumente observados no modo de se pensar e implementar reformas educacionais no Brasil, esta seção objetiva fazer o oposto: olhar para aquilo que está por trás de esforços com maior efetividade. Finalmente, portanto, chegamos ao cerne daquilo que a introdução deste livro elucida: os caminhos para uma educação básica de melhor qualidade já podem ser encontrados em solo brasileiro.

Esses caminhos serão, num primeiro momento, visitados a partir da visão e contribuições de autores já destacados no capítulo anterior. Mas, como veremos, a ancoragem da argumentação ao contexto nacional residirá na articulação dessa literatura com as experiências de sucesso no Brasil, em particular dos estados do Ceará (nos anos iniciais do ensino fundamental) e de Pernambuco (no ensino médio). Conforme revelam os dados a seguir, são localidades que, mesmo em contextos socioeconômicos adversos, apresentam surpreendente evolução nos indicadores do Ideb (gráficos 12 e 15, com destaque aos dois estados, e gráficos 13 e 16, que apresentam a relação entre PIB *per capita* e resultado do Ideb em 2019), melhorando o resultado médio ao mesmo tempo que, quando comparados a outros estados, apresentam a menor desigualdade entre grupos de alunos que estudam em escolas com maior e menor NSE[19] (gráficos 14 e 17, que trazem as desigualdades nos resultados de aprendizagem de 2017[20] considerando o nível socioeconômico das escolas em cada estado).

Gráfico 12
Evolução do Ideb (2005-2019) – estado do Ceará
Anos iniciais do ensino fundamental (rede pública)

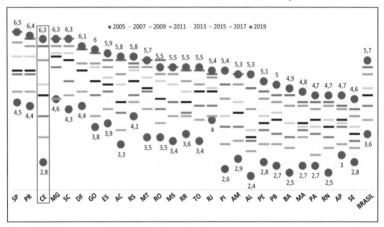

Fonte: MEC/Inep/Daeb – Saeb. Elaborado pelo autor.

---

[19] É importante ressalvar que as desigualdades nos resultados educacionais em função do nível socioeconômico são, é claro, impactadas pelos atuais cenários de desigualdade em cada estado. Ou seja, estados com maior desigualdade socioeconômica naturalmente terão maiores dificuldades de ter resultados educacionais menos desiguais. Contudo, isso não inviabiliza o argumento que aqui se faz, uma vez que, conforme dados do IBGE divulgados em 2017, Ceará e Pernambuco estão, por exemplo, entre os estados com maior desigualdade de renda intraestadual – respectivamente, 20º e 26º lugares.

[20] Utilizam-se aqui os dados de 2017, pois não foi divulgada análise similar na edição do Saeb de 2019.

Gráfico 13
Relação entre Ideb (2019) e PIB *per capita* (2019)
Anos iniciais do ensino fundamental (rede pública)

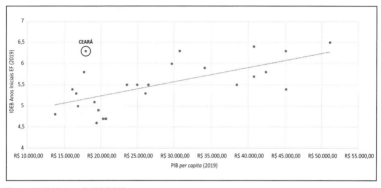

Fonte 1 (Ideb): Inep/MEC/2019.
Fonte 2 (PIB *per capita*): Sistema de Contas Nacionais e estimativas populacionais (IBGE, 2019). Gráfico elaborado pelo autor.

Gráfico 14
Desigualdades de aprendizagem considerando o nível socioeconômico das escolas – anos iniciais do ensino fundamental (Saeb, 2017, língua portuguesa)

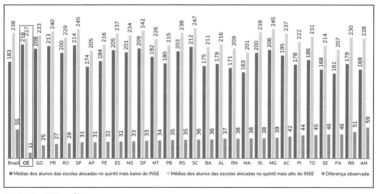

Fonte: Saeb/Inep.[21]

---

[21] Fonte: <https://download.inep.gov.br/publicacoes/institucionais/avaliacoes_e_exames_da_educacao_basica/relatorio_saeb_2017.pdf>. Acesso em: dez. 2021.

Gráfico 15
Evolução do Ideb (2005-2017) – estado de Pernambuco
Ensino médio (rede pública)

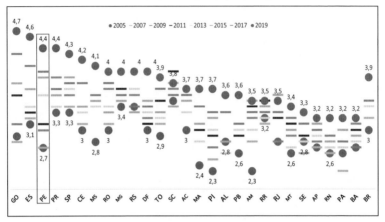

Fonte: MEC/Inep/Daeb – Saeb. Elaborado pelo autor.

Gráfico 16
Relação entre Ideb (2019) e PIB *per capita* (2019)
Ensino médio (rede pública)

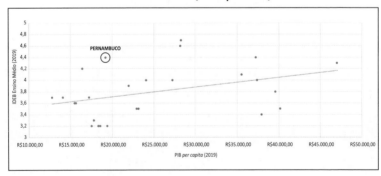

Fonte 1 (Ideb): Inep/MEC/2019.
Fonte 2 (PIB *per capita*): Sistema de Contas Nacionais e estimativas populacionais (IBGE, 2019). Gráfico elaborado pelo autor.

Gráfico 17
Desigualdades de aprendizagem considerando o nível socioeconômico das escolas
Ensino médio (Saeb, 2017, língua portuguesa)

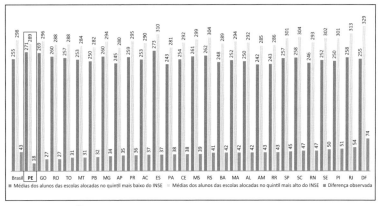

Fonte: Saeb/Inep.[22]

Ainda que se mantenham como exceções à regra, tais casos não só materializam os "caminhos alternativos" que aqui serão expostos, mas permitem que análises e conceitos cunhados em território estrangeiro sejam, literalmente, "traduzidos" para a realidade brasileira.

Neste capítulo, portanto, será feita uma inflexão: *de* ideias que impedem ou limitam que reformas educacionais alcancem os resultados esperados (apresentadas no capítulo 2) *para* abordagens que dão real efetividade aos esforços que buscam modificar o cenário educacional em nível de sistema. De modo a dialogar diretamente com as questões apresentadas no capítulo anterior, três explicações comporão a defesa a respeito do porquê de algumas reformas educacionais no Brasil terem maior efetividade. Como veremos, o primeiro motivo é que são reformas em que padrões, metas e incentivos estão *articulados* a investimentos em insumos e processos

---

[22] Fonte: <https://download.inep.gov.br/publicacoes/institucionais/avaliacoes_e_exames_da_educacao_basica/relatorio_saeb_2017.pdf>. Acesso em: dez. 2021.

que fortalecem as capacidades do sistema. A segunda razão é que são reformas com "visão sistêmica compartilhada" e que, ao se contraporem à lógica centralizadora, evitam o extremo oposto e se configuram como reformas com "descentralização coordenada". E, terceiro, são reformas que organizam e implementam mudanças a partir de um projeto sistêmico de escola que garante condições para uma ação coletiva, pedagogicamente intensiva e contextualizada no nível da unidade escolar. O detalhamento e as justificativas para cada uma das proposições é o que veremos nas próximas páginas.

Articulando padrões, metas e incentivos a investimentos em insumos e processos que fortalecem as capacidades do sistema

> *Construção de capacidade institucional é uma abordagem, não um programa.*
> Michael Fullan

No debate educacional brasileiro, discussões complexas são muitas vezes reduzidas à lógica binária: ou você é contra ou você é a favor. Base Nacional Comum Curricular, Reforma do Ensino Médio, novas diretrizes nacionais para a formação inicial de professores e a retomada das aulas presenciais em meio à pandemia de Covid-19 são apenas alguns dos mais recentes exemplos. Fugir desse reducionismo é condição central para a mudança de abordagem que será proposta nesta seção. Isso porque, como exposto no capítulo 2, seção "A equivocada insistência em padrões, metas e incentivos como 'a' alavanca da reforma", as análises críticas de Mehta, Fullan, Quinn e Payne, acerca das reformas educacionais que se pautam excessivamente por padrões, metas e incentivos, não visam desqualificar o papel que essas variáveis podem e devem ter num processo de transformação educacional em nível de sistema.

Dito de outra forma, o problema, tal como abordado pelos autores, não está *nesses* instrumentos *per se*; o problema está em acreditar que são instrumentos suficientes para "alavancar" mudanças estruturantes e sustentáveis. Portanto, em vez de desconsiderá-lo – até porque são basilares para movimentos sistêmicos –, compreender o que os torna insuficientes é a chave para encontrar respostas mais efetivas.

Como já exposto, Mehta (2013) argumenta que o erro está em pressupor que baixos resultados educacionais são só uma questão de baixa motivação dos atores implementadores, ignorando a questão do frágil preparo profissional de muitos professores e gestores escolares. Fullan, por sua vez, aborda a questão por um ângulo diferente, porém, complementar: mecanismos de responsabilização externa, comumente alicerçados em padrões, metas e incentivos, se não precedidos por uma lógica de responsabilização interna, não surtem o efeito esperado. Entremos agora no detalhe, a começar pela defesa de Mehta.

Segundo Mehta (2013), o caminho alternativo (e mais efetivo) às reformas orientadas por padrões, metas e incentivos está no desenho de um novo tipo de sistema que tem como cerne o desenvolvimento das capacidades dos profissionais da linha de frente. Num sistema como esse, o ponto de partida está no estabelecimento de uma estratégia holística para atrair, formar e reter profissionais talentosos e no forte estímulo à geração de conhecimento profissional por aqueles próximos do local de prática – professores e gestores escolares.

Fullan e Quinn (2016) vão ao encontro de Mehta, mas sugerem o "caminho alternativo" a partir de uma mudança de entendimento sobre a relação entre responsabilização externa e interna. Aqui cabem algumas conceituações: no livro *Coherence*, Fullan e Quinn (2016:110) descrevem responsabilização (*accountability*) como o "ato de tomar responsabilidade pelas suas ações". Sobre responsabilização externa, os autores definem como aquela que se ancora em padrões, metas, dados em nível de sistema e intervenções específicas a partir do topo. É o tipo de responsabilização em que se evidenciam publicamente os resultados do sistema de modo a indicar se ele está performando conforme expectativas e requisitos pactuados com a sociedade local. Por outro lado, responsabilização interna, segundo os pesquisadores, ocorre quando indivíduos e grupos assumem por conta própria responsabilidades pessoais, profissionais e coletivas para com melhorias constantes e com o sucesso de todos os alunos de sua escola.

Baseando-se na literatura sobre efetividade de sistemas educacionais e no trabalho de décadas junto a redes de ensino ao redor do mundo, Fullan e Quinn argumentam que mudanças estruturais e duradouras na aprendizagem dos alunos, de fato, ocorrem quando a responsabilização interna *precede* a responsabilização externa. Assim como Mehta defende, isso se dá porque mudanças profundas no nível da escola só são atingidas quando há intenção, compromisso e ação coletiva daqueles que a compõem; ou seja, quando as responsabilidades individuais de cada professor estão alinhadas com um projeto colaborativo de melhorias, com expectativas no nível de grupo e uma cultura de frequente iteração e correção de rota. Segundo Fullan e Quinn, é por isso que, como já vimos no capítulo 2, a responsabilização externa, por si só, não consegue promover este tipo de comportamento. Afinal, na melhor das hipóteses, ela indica que o sistema não está funcionando, sem oferecer qualquer pista sobre como melhorar a situação.

Isso posto, duas perguntas precisam ser respondidas: como impulsionar, no nível do sistema, a responsabilização interna nas escolas? E mais: se não como alavanca principal, qual é o papel da responsabilização externa enquanto instrumento de gestão educacional?

Para responder à primeira questão, Fullan e Quinn (2016) sustentam que, do ponto de vista do órgão central, o objetivo deve ser investir naquilo que ajuda a criar condições para o desenvolvimento de responsabilização interna no nível da escola, tais como: estabelecimento de um número pequeno de objetivos ambiciosos em nível de sistema, disponibilização ou apoio para a produção sistemática de dados de aprendizagem para uso formativo no âmbito da escola (assim como Mehta) e forte investimento na construção de capacidade coletiva em todos os níveis do sistema (central, regional e local). Sobre este último ponto, os autores o descrevem como o desenvolvimento de uma base de conhecimentos e habilidades comuns compartilhada por *todos* os atores do sistema, fugindo da lógica de programas de formação continuada focados exclusivamente na prática individual de professores, por exemplo, cursos *online* ofertados para todos os professores de uma rede.

Sobre a segunda questão – o papel da responsabilização externa –, Fullan e Quinn (2016) defendem que, quanto mais a lógica de responsabilização interna prosperar, maior será a responsividade dos atores implementadores no nível da escola a mecanismos externos. Inclusive, quanto mais a responsabilização interna se torna o *modus operandi* das escolas, menor acaba sendo a necessidade dos gestores do sistema de lançar mão de ações de responsabilização externa.

Ainda assim, Fullan e Quinn (2016) sustentam que certos mecanismos de responsabilização externa são úteis para reforçar a lógica da responsabilização interna. Por exemplo, o estabelecimento de padrões profissionais e de avaliações docentes, quando introduzidos num contexto de responsabilidade coletiva, ganham maior aderência e podem impulsionar esforços voltados para a melhoria das práticas pedagógicas no nível da escola.

No contexto brasileiro, o argumento de que o caminho para que reformas educacionais tenham maior efetividade passa pela articulação de padrões, metas e incentivos a investimentos em insumos e processos que fortalecem as capacidades do sistema encontra inequívoco respaldo na experiência do estado do Ceará, com a implantação de uma política inédita de regime de colaboração entre o governo do estado e seus respectivos municípios – 184 no total – para melhorar os indicadores cearenses de alfabetização. Ainda que não seja um exemplo de reforma educacional avançado em uma rede específica, o caso é emblemático para evidenciar que, quando bem desenhada e implementada, a combinação entre mecanismos de incentivo e apoio aos atores implementadores pode ser uma fórmula de enorme impacto positivo em escala.[23]

O esforço cearense de reforma educacional – que ainda segue em vigor – é fruto de uma longa e consistente trajetória da política educacional do estado. Pesquisa realizada por Fernando Luiz Abrucio, Catarina Ianni Segatto e Maria Cecília Gomes Pereira (2016) explicita que as bases para o que, eventualmente, viria a se constituir como Programa de Alfabetização na Idade Certa (Paic), em 2007, tem origem na década de 1990, quando a gestão estadual (1) institui um dos primeiros sistemas de avaliação de aprendizagem no Brasil, o Sistema Permanente de Avaliação da Educação Básica do Ceará (Spaece); (2) cria grupos de trabalho para desenhar formas de cooperação técnica e financeira aos municípios; (3) reorganiza as estruturas regionais da Secretaria Estadual de Educação para poder ampliar o apoio e o acompanhamento educacional das escolas municipais (este ponto será abordado com ênfase adicional na próxima seção). Apesar de tais avanços, foi a experiência pioneira do município cearense de Sobral, no início dos anos 2000, que impulsionou o surgimento do Paic e criou as bases metodológicas para a construção de uma ação sem precedentes no quadro nacional brasileiro.

O que foi feito em Sobral é um dos mais impressionantes exemplos de transformação educacional observados nas últimas décadas em sistemas de médio porte no Brasil.[24] Com vistas a erradicar um grave quadro de analfabetismo de crianças em idade avançada, a gestão liderada pelo então prefeito Cid Gomes introduziu, num curto período, inúmeras modificações estruturais nas políticas edu-

---

[23] No total são 2.958 escolas municipais de ensino fundamental no estado do Ceará. Recorte: escolas que possuem pelo menos uma turma de anos iniciais. Fonte: microdados do Censo Escolar de 2020.

[24] O sistema educacional de Sobral é composto por 65 escolas. Fonte: <http://educacao.sobral.ce.gov.br/escolas>. Acesso em: dez. 2021.

cacionais do município. Conforme elucidado por Abrucio, Segatto e Pereira (2016), as mudanças compreenderam todas as dimensões do funcionamento das escolas: no caso da gestão escolar, a alocação de diretores escolares, antes feita por critérios políticos, passou a se dar por meio de processos rigorosos de seleção e formação. Do ponto de vista pedagógico, os avanços se deram em múltiplas frentes: criação de rotinas pedagógicas em sala de aula, material pedagógico estruturado, material didático específico por série para todos os estudantes, ação de formação de leitores com a contratação de um professor agente de leitura em cada escola e ações de formação de professores em serviço. Já no âmbito da profissionalização, valorização e reconhecimento da docência, mais um conjunto de mudanças: concurso público, reajuste salarial diferenciado, bônus para aquisição de computadores, instituição de gratificação salarial para professores alfabetizadores e o prêmio Escola Alfabetizadora, que também dava bonificação para os professores e profissionais das escolas com os melhores resultados de aprendizagem (Abrucio, Segatto e Pereira, 2016).

A articulação de todas essas ações com o sistema de avaliações externas do Spaece era o que norteava as metas e as formas de intervenção do órgão central e viabilizava o acompanhamento e monitoramento a partir dos resultados de aprendizagem. Mais do que isso, conforme argumentam os autores da pesquisa, essa articulação foi central para que a lógica de interação entre padrões, metas e incentivos com investimento no fortalecimento das capacidades do sistema fosse, mais tarde, incorporada como cerne da reforma disparada pelo governo do estado:

> É interessante notar que o modelo de Sobral já utilizava uma combinação que seria estratégica na política estadual futura: a mistura de ações que fornecem insumos e apoio às escolas – no caso da ação do estado, centrada mais nos municípios – com mecanismos de avaliação e premiação, revelando que é possível ter uma complementaridade – e

não uma oposição – entre indução/cooperação e mecanismos de cobrança/competição [Abrucio, Segatto e Pereira, 2016:30].

O entendimento sobre a importância da complementaridade entre apoio e responsabilização é, sem dúvida, uma das principais – se não "a" principal marca do Paic, lançado pelo governo estadual, em 2007. Inspirada na experiência de Sobral, a política se estruturou a partir de dois grandes eixos: o primeiro, central para garantir que todos os municípios tivessem capacidade suficiente para avançar mudanças, de apoio financeiro e técnico. Tratava-se da disseminação das políticas de gestão pedagógica de Sobral (entre outros aspectos: currículo, materiais pedagógicos, instrumentos de avaliação da aprendizagem no processo e formação de professores e gestores escolares), que já àquela altura apresentava resultados expressivos de melhoria na aprendizagem dos estudantes do município. O segundo, de natureza política, ou mais precisamente de *indução política*, modificava as regras de distribuição da cota-parte municipal do ICMS (imposto sobre operações relativas à circulação de mercadorias e sobre prestações de serviços de transporte interestadual), de modo a condicionar parte significativa do repasse a melhorias nos resultados de alfabetização do município (ver figura 6 para detalhes). Com isso, o incentivo era claro: caso o prefeito fosse capaz de apresentar resultados concretos de melhoria, teria mais recursos para investir onde bem quisesse.

Em entrevista exclusiva a este livro, José Irineu de Carvalho, que foi prefeito de Pereiro, Ceará, durante três mandatos,[25] e que acompanhou a instituição e implementação da medida como consultor da Associação dos Municípios do Estado do Ceará (Aprece), resumiu da seguinte forma os efeitos práticos da medida e a importância da combinação do incentivo com ações de apoio técnico por parte do estado:

---

[25] Foi prefeito nos períodos 1989-1992, 1997-2000, 2001-2004.

O estímulo financeiro foi fundamental. Principalmente para os pequenos municípios, que não tinham valor agregado significativo na economia (condicionante para parte importante do repasse do ICMS), e passaram a ter duas, três vezes mais do que recebiam antes. Um prefeito recebia 1 milhão por IMCS e aí [via que se melhorasse a educação] gastando uns R$ 200 mil, ele receberia R$ 2 milhões – além do destaque [por ter melhorado]. Não foi preciso fazer grande esforço para o prefeito entender e, [com isso], houve mudança de mentalidade. O prefeito passou a prestar atenção na escolha do secretário de Educação, na qualidade do suporte pedagógico [às escolas], na escolha dos diretores das escolas. Mesmo [em muitos casos] a escolha de diretores permanecendo política, [ela passou a ser feita] entre os [mais bem] capacitados [do município].

[Isso posto], não pode só "jogar" o financeiro e achar que é suficiente. A coordenação do estado com um programa bem elaborado, de capacitação dos professores, colocando instrumentos à disposição dos municípios, foi fundamental. Não pode deixar cada um fazer da sua forma, [pois] todos nós sabemos que, por questões históricas, o estado tem um quadro mais capacitado do que os municípios, que só passaram a formar quadros [técnicos] de 20, 10 anos pra cá.

Tal inovação partia da ideia de que, quando combinado com suporte pedagógico aos atores implementadores, instrumentos de indução com base em metas podem se tornar poderosos impulsionadores de melhorias na gestão da educação e, principalmente, nos resultados educacionais. Com efeito, é isso o que mostram as pesquisas recentes de Cruz, Farah e Ribeiro (2020) e Lautharte, Oliveira e Loureiro (2021). Nesse último caso, a partir de um estudo econométrico que compara municípios cearenses com municípios fronteiriços de outros estados, os pesquisadores evidenciam que o "ICMS educação", de fato, promove mudanças positivas no comportamento do gestor público e na aprendizagem dos alunos. Do ponto de vista da alteração de práticas na gestão municipal, os pesquisadores mostram haver forte correlação entre a inserção do incentivo do ICMS e a redução no percentual de escolas com diretores escolares alocados apenas por critérios políticos.[26] Pós-introdução do incentivo via distribuição do ICMS, o número de municípios que passaram a realizar processos de seleção orientados por critérios técnicos aumentou, referendando aquilo apontado pelo ex-prefeito José Irineu de Carvalho: maior seriedade por parte do prefeito quanto à condução dos esforços nas escolas. E no que tange aos resultados educacionais, objeto-fim da iniciativa, o estudo revela que (1) a implementação do modelo combinatório "incentivo/apoio" demonstra ter efeitos estatisticamente significativos na aprendizagem dos alunos e (2) o mecanismo de indução, quando isolado, melhora os resultados médios, mas amplia a desigualdade, reforçando, portanto, a importância da combinação dos dois fatores.

Conforme Abrucio, Segatto e Pereira (2016:39) concluem, nasceu no Ceará um exemplo claro de "competição administrada" aplicado à esfera da educação:

> Estabeleceu-se aquilo que a literatura em gestão pública chama de competição administrada (Abrucio, 2000). Trata-se de um modelo em que o governo estabelece mecanismos controlados de competição, visando aumentar o desempenho de órgãos, serviços públicos e entes territoriais. Nesta situação, são construídos indicadores para mensuração dos resultados, e geralmente são distribuídos recursos (financeiros e gerenciais) conforme a performance dos participantes.

A força do conceito da competição administrada no caso cearense é percebida na medida em que o estímulo à "disputa" entre os prefeitos, criada por meio da divulgação ampla dos resultados – colhidos e disseminados pelo governo estadual –, se tornou um

---

[26] A título de parâmetro, 65% dos diretores escolares das redes municipais brasileiras são escolhidos exclusivamente por critérios políticos (Censo 2020).

instrumento gerador de benefícios políticos. É isso que, em entrevista a este livro, o ex-prefeito José Irineu de Carvalho revelou:

> Todo político tem vaidade. Se você não tem vaidade, dificilmente você será um bom político. Tem que ser racional, mas é também alma, é coração. Você saber que o povo tem carinho por você, que sabe que você está fazendo bem-feito, que o povo está gostando, que você não é malvisto, é essa a vaidade. [Então] a divulgação dos resultados foi muito importante para incidir nisso... o prefeito poder dizer "meu município é o primeiro, segundo, terceiro na educação". Não tem coisa melhor do que poder falar "isso aqui quem está dizendo é o estado, não são meus assessores que estão me dando esse indicador [de qualidade]". Tem um peso.

Em entrevista exclusiva para a dissertação de mestrado que serviu de base a este livro, Mauricio Holanda Maia,[27] ex-secretário estadual de Educação do Ceará e que fez parte do grupo de liderança do Paic durante quase uma década, atestou que, na origem do modelo, estava um entendimento claro de que era a combinação entre apoio e incentivos que poderia fazer a diferença. Mais do que isso, porém, Mauricio revelou que, desde a largada, estava razoavelmente claro para o grupo de liderança qual a importância, as limitações e o melhor modo de se implementar instrumentos de indução:

> Para romper a inércia, é necessário criar indução e incentivos. No Brasil, a gente precisa tirar essa coisa de "pecado" na questão dos incentivos. Com a consciência de que a natureza do incentivo é motivação externa, incentivos são importantes. [E pela experiência do Ceará], incentivos financeiros são os mais efetivos. [Agora], incentivos, por atuarem na motivação externa, sempre serão limitados. E o uso para um conjunto

---

[27] Foi secretário adjunto de Educação do Ceará de 2007 a 2014 e, entre 2014 e 2016, foi secretário estadual de Educação. Fonte: <www.seduc.ce.gov.br/institucional/>. Acesso em: dez. 2021.

Figura 6
O funcionamento do modelo de "ICMS-educação" do Ceará

DISTRIBUIÇÃO DO ICMS AOS MUNICÍPIOS E O CASO DO CEARÁ

O ICMS – imposto sobre circulação de mercadorias e serviços – é um imposto federal, cuja administração está sob a responsabilidade das unidades da Federação, conforme determina a Constituição Federal de 1988. A Constituição determina ainda que 25% do ICMS arrecadado pelos estados pertencem aos municípios. Destes 25%, três quartos, no mínimo, devem ser distribuídos aos municípios considerando o valor adicionado fiscal, ou seja, nas operações relativas à circulação de mercadorias e nas prestações de serviços, enquanto o restante pode ser distribuído conforme o critério de cada estado, especificado em lei estadual. O esquema abaixo ilustra a regra exposta na Constituição.

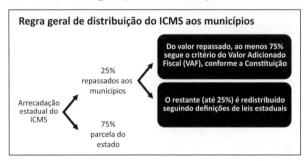

Regra geral de distribuição do ICMS aos municípios

O caso do Ceará

Considerando que os estados possuem autonomia para definir suas próprias regras em relação à distribuição de 25% do ICMS devido aos municípios, em 2007 o estado do Ceará alterou a lei que tratava do tema, priorizando as políticas públicas, com ênfase na educação. O esquema abaixo mostra uma síntese das regras até 2007 e após a aprovação da nova lei.

Antes:	Depois:
Lei 12.612 – 1996	**Lei 14.023 – 2007**
• 12,5% de acordo com a proporção de gastos em educação sobre a receita municipal;	• 18% em função do Índice de Qualidade da Educação (IQE), que leva em consideração o desempenho do 1º ao 5º ano em escolas municipais;
• 7,5% distribuídos equitativamente entre todos os municípios;	
• 5% de acordo com a população de cada município.	• 5% de acordo com o Índice de Qualidade da Saúde (IQS);
	• 2% segundo o Índice de Qualidade do Meio Ambiente (IQM).

Fonte: Todos Pela Educação (2018b).

muito grande trará o risco do *gaming* [quando os atores interessados adotam comportamentos indesejáveis simplesmente para ganhar o benefício]. Não obstante tudo isso, são absolutamente necessários para romper a inércia e levar os resultados para outro patamar. Quando se tem consciência de que incentivos não são "varinha mágica", que são uma ferramenta, têm potência, [mas] têm limitação, aí as coisas ficam mais fáceis.

Para implementar política educacional combinando incentivo com apoio, você não pode ter medo de errar e não pode ter orgulho de corrigir os erros. Você tem que se dispor a fazer, e se dispor a reconhecer que o primeiro desenho de incentivo tem muitos defeitos e que o segundo será melhor, o terceiro será melhor [e assim por diante]. Não existe desenho de incentivos "eternamente bom". Importante que se produzam, no balanço, mais resultados bons do que ruins e que [desde o início] se preveja que incentivos devem ser [continuamente] renegociados.

A tônica do apoio técnico/indução política foi, e ainda é, aspecto central dos esforços reformistas no Ceará. No caso das ações de natureza pedagógica, foram vários os incrementos e melhorias ao longo do tempo, incluindo a expansão do modelo de apoio aos municípios para os anos finais do ensino fundamental, em 2015 (Abrucio, Segatto e Pereira, 2016). E, no caso da indução financeira com base em resultados, em 2009, por exemplo, foi criado o prêmio Escola Nota Dez, que reconhece os resultados das 150 escolas públicas com melhor resultado e condiciona parte do prêmio à formulação de um plano de aplicação dos recursos e à constituição de um termo de cooperação técnico-pedagógica com uma entre as 150 escolas de pior desempenho do estado. Como evidenciam os autores da referida pesquisa, mais um caso de "competição administrada":

> A proposta do prêmio é valorizar o trabalho das escolas e estimular a melhoria do desempenho, assim como induzir a cooperação entre escolas por meio de relações de colaboração e troca de experiências.

É uma ação que busca promover a disseminação de práticas de gestão e pedagógicas voltadas para a melhoria da aprendizagem. Como se vê, a competição administrada combina o incentivo para buscar melhor desempenho com a cooperação entre as escolas [Abrucio, Segatto e Pereira, 2016:40].

Uma das questões mais impressionantes da reforma cearense, porém, é o fato de que, ao longo do tempo, as políticas de competição administrada passaram a ser entendidas pelos diretores, professores e gestores municipais como algo central para a melhoria da aprendizagem dos alunos, e não como instrumento de responsabilização – precisamente, aquilo que Fullan argumenta ser o provável resultado quando o foco da reforma está em fortalecer a responsabilização interna nas escolas. É isso o que um artigo recém-publicado por pesquisadores do Banco Mundial, com base em visitas às escolas cearenses, revela:

> O que mais nos impressionou ao visitar o Ceará é que, quando questionados sobre os potenciais inconvenientes do uso de avaliações e incentivos para impulsionar o desempenho, diretores, professores e gestores municipais geralmente reestruturaram a conversa: eles veem as avaliações e os incentivos como essenciais para alcançar o aprendizado para todos e não como instrumentos de responsabilização [externa].[28]

Ao formular e implementar inúmeras ações ancoradas na lógica da combinação e articulação entre padrões, metas e incentivos e investimentos na capacidade institucional das escolas e, com base nessa lógica, materializar avanços expressivos nos resultados educacionais médios do estado reduzindo as desigualdades, a reforma

---

[28] Disponível em: <https://blogs.worldbank.org/pt/education/nao-ha-magica-formula--para-o-sucesso-do-ceara-e-de-sobral-para-reduzir-pobreza-de>. Acesso em: 6 jan. 2022.

do Ceará mostra que os argumentos de Mehta (2013) e Fullan e Quinn (2016) possuem sustentação no contexto brasileiro. Mais do que isso, o esforço cearense dá contornos claros e específicos sobre como elementos da literatura internacional de fronteira podem, literalmente, ser traduzidos para nosso contexto e, ainda, evidencia que é na junção de elementos comumente classificados como contraditórios pelo debate educacional mais qualificado que está a chave para a mudança. O caso cearense mostra, acima de tudo, que, quando o assunto é reforma educacional, há referências de ponta no Brasil. Ou seja, visando encontrar respostas mais efetivas, não precisamos mais só olhar para fora.

Visão sistêmica compartilhada, com descentralização coordenada, para garantir implementação

> *A pergunta-chave é menos se o controle reside no topo ou na base e muito mais como o topo e a base interagem.*
>
> Jal Mehta

Como vimos no capítulo 2, seção "Minando a reforma a partir de uma gestão altamente centralizada", uma forma de fragilizar esforços de transformação em nível de sistema é caracterizá-los pelo disparo de múltiplas ações altamente centralizadas – trata-se de caminho efetivo para confundir os atores no chão de escola e, ao mesmo tempo, gerar desconfiança mútua entre formulador (órgão central) e implementador (gestores escolares e professores). Tomando o debate educacional brasileiro como parâmetro, críticos contumazes do modelo de gestão baseada em resultados sugerirão que o caminho alternativo passa por dar liberdade e ampla autonomia aos atores locais. E, assim como na seção anterior, este binarismo não traz respostas efetivas.

No âmbito desse assunto, enquanto Mehta (2013) é preciso na descrição da problemática da centralização excessiva e do "controle" a partir do topo, é Michael Fullan quem melhor nos oferece subsídios para a construção de uma posição alternativa, consistente e aderente ao cenário brasileiro. Com base em algumas de suas obras, esta seção defenderá que este caminho alternativo – e mais efetivo – à crítica proferida na seção "Minando a reforma a partir de uma gestão altamente centralizada" se ancora na junção de dois conceitos que aqui serão chamados de "visão sistêmica compartilhada" e "descentralização coordenada".

A ideia da visão sistêmica compartilhada é, na verdade, a evolução do conceito de "visão sistêmica" abordado nos trabalhos de Fullan ainda na década de 1990 e nos anos 2000. Como já abordado, a ideia de "visão sistêmica" diz respeito à máxima "não há solução mágica – é o efeito da interação entre diferentes medidas que consegue produzir impacto substancial" (Fullan, 2009:108). Visão sistêmica pressupõe foco, mas não "tábua de salvação"; pressupõe articulação entre diferentes partes que, quando avançadas de maneira simultânea, são capazes de melhorar a qualidade da prática pedagógica e daquilo que acontece dentro da sala de aula; pressupõe o entendimento de que mudanças em sistemas complexos, tal como o da educação, requer, acima de tudo, "consertar" o sistema, e não "consertar" os agentes individuais (Pritchett, 2013). É ponto de partida para que transformações no nível do sistema *possam* acontecer, e é uma máxima já razoavelmente difundida no debate educacional internacional (ainda que não implementada na mesma proporção da sua difusão) e que começa a ganhar mais força no debate público brasileiro.

No caso do Ceará, conforme evidenciado em livro publicado pelo próprio governo do estado, esta abordagem esteve no cerne do processo de formulação:

A abordagem sistêmica se contrapõe a um apoio pontual. O Paic propõe um leque de metas e ações que, articuladas, possibilitam alçar passos largos na promoção de políticas municipais voltadas para a alfabetização de crianças. Acredita-se que o problema do analfabetismo escolar não é causado por um único aspecto da política educacional, e sim resultado de um conjunto de fatores interligados, que tem de ser considerado como um todo. Essa característica se diferencia de programas de cooperação que se debruçam sobre uma única linha de ação. O Paic zela pela integração dos eixos propostos, considerando que cada um deles é fundamental, de maneira que a supressão de algum comprometeria de forma decisiva o todo e os resultados que vêm sendo alcançados. A implantação de avaliações externas ou a formação de professores sem o devido acompanhamento pedagógico, por exemplo, faria minar os esforços empreendidos. A promoção de uma intervenção sistêmica e sinérgica possibilita resultados mais efetivos do que a simples soma das ações realizadas [Ceará, 2012:66].

Na visão do ex-secretário Mauricio Holanda Maia, é precisamente essa característica "sistêmica" que está na raiz do sucesso cearense:

> Avalio que o Paic só se constituiu [...] longevo e eficaz, com resultados tão consistentes e consideráveis [...], justamente por ter sido o que chamo de uma "intervenção sistêmica", isto é, uma ação que se estruturou levando em conta todas (ou quase todas) as dimensões, os sujeitos e as interfaces do problema que se quis impactar, criando mensagens coerentes e articulando a sincronia e a sinergia necessárias à sua efetividade [Maia, 2020:165].

A figura 7 ilustra como as diferentes partes da reforma cearense articulam-se entre si.

96 • PONTOS FORA DA CURVA

Figura 7
Visão sistêmica do Paic – Ceará

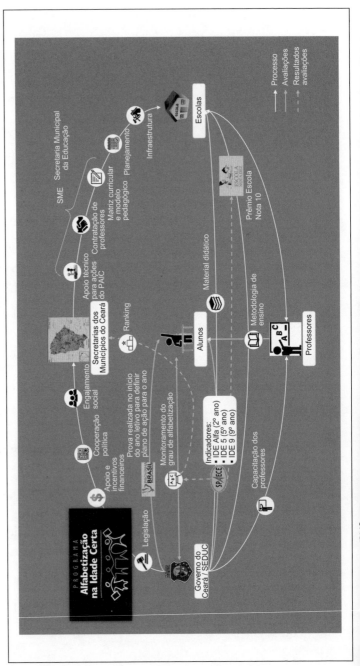

Em sentido similar, o esquema a seguir, pertencente ao documento "Educação Já Municípios – contribuições para o debate sobre políticas educacionais no contexto das eleições de 2020", da organização de *advocacy* Todos Pela Educação (2020d), é mais um exemplo que materializa o conceito da visão sistêmica no cenário brasileiro, nesse caso, aplicado ao contexto da gestão educacional municipal.

Figura 8
Os principais elementos da gestão pública educacional no município e a relação sistêmica entre eles

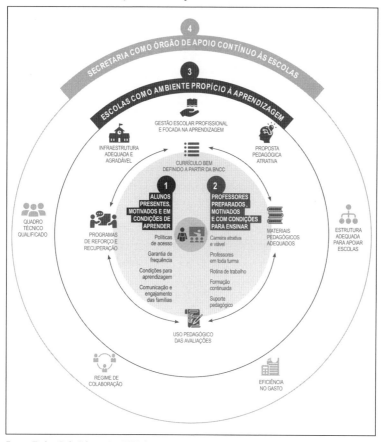

Fonte: Todos Pela Educação (2020d).

Não obstante a centralidade dessa abordagem para a promoção de resultados no nível do sistema, os aprendizados da literatura de fronteira – e também absorvidos na experiência do Ceará e no documento "Educação Já Municípios" – apontam que é preciso ir além. Em *Coherence*, Fullan e Quinn sinalizam que, para promover mudanças estruturais, a visão sistêmica é crucial, mas não basta. Para realmente "mudar o jogo", é preciso o engajamento dos atores implementadores com um conjunto de valores que orientam as reformas e com a própria reforma em si:

> Nenhum sistema de alta performance no mundo conseguiu melhorar sua performance enquanto um sistema sem o apoio e a apropriação da agenda de reforma pelos professores [Fullan e Quinn, 2016:39].

> Processos de mudança efetivos são aqueles que configuram e reconfiguram boas ideias enquanto vão ampliando os conhecimentos e o senso de apropriação dos envolvidos [Fullan e Quinn, 2016:14].

O cerne da argumentação de Fullan e Quinn está na diferenciação entre o aspecto "racional" (por exemplo, "alinhamento das políticas") e o elemento "emocional" de reformas educacionais. Mais especificamente, está na reinterpretação que fazem da palavra "coerência" (*coherence*), ao aplicá-la à lógica de sistemas educacionais. Algo que, na visão dos pesquisadores, não pode ser encontrado "no papel", mas apenas no discurso e na prática daqueles que compõem o sistema em todas as suas instâncias:

> Coerência não é [apenas] "estrutura", não é [apenas] "alinhamento" (ainda que isso ajude) [...], não é [apenas] "estratégia". [...] Coerência [no seu sentido mais completo] consiste no entendimento compartilhado [entre todos os atores de um sistema educacional] a respeito do propósito e natureza do trabalho. Coerência é aquilo que está nas mentes e nas ações individuais e, especialmente, coletivas de pessoas. [...] Coerência, em outras palavras, tem que se materializar na linha de frente e não no órgão central [Fullan e Quinn, 2016:1].

Utilizando o exemplo do sistema educacional de Ontário, no Canadá, Fullan e Quinn dão concretude ao argumento ao explicitar o que classificam como um "indicador indireto" de coerência:

Havia uma coisa, em particular, que impressionava basicamente todos [aqueles que vinham conhecer o que Ontário estava fazendo e que está diretamente relacionado à ideia de coerência]. Eles diziam que, ao conversar com pessoas [em todos os níveis do sistema] sobre as principais prioridades, as estratégias que estavam sendo implementadas, o progresso alcançado, os resultados, os próximos passos etc., eles percebiam consistência e linguagem [comum] e específica em diferentes escolas e entre os diferentes níveis do sistema [Fullan e Quinn, 2016:2].

A sustentação de Fullan e Quinn, de que a chave para mudanças estruturais é a visão sistêmica *compartilhada*, traz relevantes contribuições ao debate educacional brasileiro em ao menos três dimensões. Primeiro, porque oferece uma qualificação mais precisa sobre o que *realmente* significa "envolver" os professores em um esforço reformista. Ao indicar que o envolvimento necessário é aquele em que os professores *compartilham* e se *apropriam* da reforma em si, Fullan e Quinn deixam claro que não basta para a equipe de liderança no órgão central ter apenas disposição para *ouvir*, *dialogar* ou *informar* a política educacional a partir das opiniões de quem a implementa (a máxima de "ouvir" e "dialogar" são ideias comumente observadas nos discursos de secretários de Educação). Segundo, porque aprofundam um conceito que, sob o guarda-chuva da "gestão democrática", geralmente recebe análises simplistas e superficiais a respeito da importância do engajamento dos atores implementadores. E terceiro, pois evidenciam por que este engajamento – ou "coerência" no conjunto do sistema – é elemento central para viabilizar um processo de mudança:

Estrutura, organização e estratégia não são suficientes. A solução requer a construção de propósito individual e coletivo, de capacidade instalada e de compromisso em agir. Quando uma grande quantidade de pessoas tem um entendimento profundo sobre o que precisa ser feito – e enxerga a sua parte em alcançar esse propósito –, a coerência emerge e coisas poderosas acontecem [Fullan e Quinn, 2016:1].

No cenário brasileiro, esta ideia de "coerência" encontra pouco respaldo no debate público qualificado. Não obstante, a lógica encontra aderência nas experiências de reforma educacional no Ceará e, também, em Pernambuco. Comecemos por Pernambuco.

Diferentemente da experiência do Ceará, a experiência pernambucana diz respeito a uma reforma implementada – e que segue avançando – no universo das escolas geridas pelo próprio estado (em 2021, a rede possuía 1.051 escolas).[29] Iniciada em 2007, pela gestão do então governador Eduardo Campos,[30] a reforma, assim como no caso do Ceará, contemplava inúmeros dispositivos de modernização da gestão, como profissionalização da gestão escolar e da burocracia regional, contratualização de metas com as escolas associada às medidas de apoio dos órgãos centrais e regionais e mecanismos de bonificação por resultados (Abrucio e Segatto, 2017; Dusi, 2017). Não obstante essas características, o cerne da reforma pernambucana estava na introdução de um novo modelo de escola de tempo integral para a etapa do ensino médio, que teve como marco legal a promulgação da Lei Complementar nº 125/2008, posteriormente atualizada pela Lei Complementar nº 364/2017.[31] Conforme apontado pelo próprio governo,

---

[29] Fonte: Censo Escolar 2021 – MEC/Inep.
[30] Em que pese a reforma educacional pernambucana ganhar contornos "reformistas" claros apenas a partir de 2007, Abrucio e Segatto (2017) mostram que esforços iniciados na gestão anterior, de Jarbas Vasconcelos, estabeleceram as bases para o que, eventualmente, seria avançado pela gestão Eduardo Campos.
[31] Fonte: <https://legis.alepe.pe.gov.br/texto.aspx?tiponorma=2&numero=364&complemento=0&ano=2017&tipo=&url=>.

o modelo fundamenta-se na concepção da educação interdimensional, como espaço privilegiado do exercício da cidadania e o protagonismo juvenil como estratégia imprescindível para a formação do jovem autônomo, competente, solidário e produtivo. Desse modo, ao concluir o ensino médio nas escolas de educação integral, o jovem estará mais qualificado para a continuidade da vida acadêmica, da formação profissional ou para o mundo do trabalho.[32]

Na prática, trata-se de iniciativa que repensa o projeto escolar como um todo, ancorado em um modelo pedagógico[33] que posiciona o jovem e seu projeto de vida como eixo central da experiência escolar. Para tanto, modifica-se a estrutura curricular, integrando componentes acadêmicos tradicionais com uma grade de atividades de desenvolvimento socioemocional e de estímulo ao protagonismo juvenil;[34] altera-se a dinâmica, a organização e os métodos de gestão escolar; garante-se dedicação exclusiva de todos os profissionais a uma única escola e lança-se mão do tempo integral como forma de operacionalizar o modelo (ICE, 2021). Por trás da concepção inicial do modelo está o Instituto de Corresponsabilidade pela Educação (ICE), que, com o apoio dos educadores Antônio Carlos Gomes da Costa e Bruno Silveira, estruturou e pilotou o modelo até que ele fosse integralmente ab-

---

[32] Disponível em: <www.educacao.pe.gov.br/portal/?pag=1&men=70>. Acesso em: jan. 2021.
[33] O modelo pedagógico da escola de tempo integral pernambucana se estrutura a partir do arcabouço teórico-metodológico da "pedagogia da presença", criado pelo educador Antonio Carlos Gomes da Costa. Para detalhes, ver Costa (2001).
[34] O educador Antonio Carlos Gomes da Costa (2000:52), um dos responsáveis pela concepção do modelo pedagógico pernambucano, assim define a ideia de protagonismo juvenil: "É a participação do adolescente em atividades que extrapolam o âmbito de seus interesses individuais e familiares e que podem ter como espaço a escola, a vida comunitária e até mesmo a sociedade em seu sentido mais amplo, através de campanhas, movimentos e outras formas de mobilização que transcendem os limites de seu entorno sociocomunitário".

sorvido pelo poder público pernambucano como política pública (Dutra, 2014; Barros, 2018).

No livro *Educação integral no estado de Pernambuco: uma política pública para o ensino médio*, publicado em 2014, o autor Paulo Dutra, professor da rede estadual de ensino pernambucana durante quatro décadas e secretário executivo de Educação Profissional de Pernambuco entre os anos de 2008 e 2018, período em que coordenou a implantação e a expansão do Programa de Educação Integral, assim sintetiza a concepção do modelo pedagógico pernambucano de educação interdimensional:

> O Programa de Educação Integral (de Pernambuco) [...] defende a construção do ser humano na sua inteireza, ou seja, nas suas quatro dimensões: cognitiva, afetiva, espiritual e da corporeidade. [...] Tem-se aí uma educação voltada não apenas para a construção dos conhecimentos cognitivos, mas pautada por uma filosofia na qual o homem é sujeito da sua história e torna-se capaz de intervir na realidade e no seu contexto social, a fim de transformá-los [Dutra, 2014:25].

O avanço desse "novo" desenho de escola, em Pernambuco, deu-se (e ainda se dá) de maneira incremental, inclusive, com a criação de modelos de tempo integral de sete e nove horas por dia. Em 2021,[35] já corresponde a 58,5% das matrículas de ensino médio da rede estadual de Pernambuco. E seus resultados, conforme indicados no gráfico 18, têm sido impressionantes. Fosse uma rede de ensino, o conjunto de escolas em tempo integral de Pernambuco teria o melhor resultado médio de todo o Brasil. E vale lembrar: isso considerando o fato de que essas escolas estão localizadas em uma das regiões mais pobres do país.

---

[35] Censo Escolar 2021 – MEC/Inep.

Gráfico 18
Ideb 2019 – escolas de tempo integral de Pernambuco

Pará	3,2
Amapá	3,2
R. G. do Norte	3,2
Bahia	3,2
Sergipe	3,3
Mato Grosso	3,4
Amazonas	3,5
Roraima	3,5
Rio de Janeiro	3,5
Paraíba	3,6
Alagoas	3,6
Acre	3,7
Maranhão	3,7
Piauí	3,7
Santa Catarina	3,8
Média Brasil	3,9
Tocantins	3,9
Rondônia	4,0
Minas Gerais	4,0
R. G. do Sul	4,0
Distrito Federal	4,1
M. G. do Sul	4,2
Ceará	4,3
São Paulo	4,4
Pernambuco	4,4
Paraná	4,4
Espírito Santo	4,6
Goiás	4,7
Média Pernambuco Integral	4,8

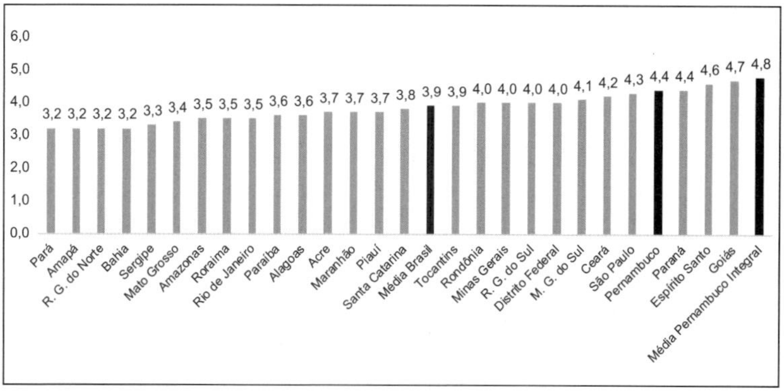

Fonte: elaborado pelo autor com dados de Saeb (2017)/Inep.[36]

Com efeito, parte do sucesso nos resultados reside no modelo pedagógico em si. Pesquisa realizada pelo Instituto Sonho Grande (ISG, 2020), organização sem fins lucrativos da sociedade civil que concentra seus esforços na replicação do modelo em outros estados (hoje, já são 19 estados avançando variações do modelo integral de Pernambuco),[37] atestou que são os princípios e as práticas pedagógicas e de gestão que estão correlacionados ao atingimento dos resultados educacionais apresentados pelas escolas de tempo integral de Pernambuco, quando comparados às demais escolas pernambucanas e, principalmente, à média nacional.[38] E, como bem

---

[36] Em 2019, Pernambuco possuía 782 escolas de ensino médio na rede estadual, sendo 410 escolas (52,4%) com, pelo menos, uma matrícula em tempo integral – dessas, 403 possuem valores para o Ideb 2019. Para se chegar ao valor para as escolas de tempo integral, foi realizada uma média aritmética do Ideb das escolas da rede estadual de Pernambuco com matrículas em tempo integral.

[37] Fonte: <www.sonhogrande.org/porque-ensino-medio-em-tempo-integral/pt>. Acesso em: jan. 2021.

[38] A pesquisa revelou duas frentes de alavancas e diferenciais indicativos dos benefícios das escolas integrais que se destacam do ponto de vista de apresentarem correlações positivas com resultados acadêmicos dos estudantes: (1) "Ensino do currículo" e as variáveis (i) tempo de aula bem utilizado e (ii) baixa quantidade de aulas dispensadas/ substituídas; (2) "Elementos diversificados" da matriz curricular e as variáveis (i) estudo

evidenciado por Barros (2018), não por acaso são aspectos muito similares aos identificados em uma das mais famosas pesquisas do norte-americano Roland Fryer, da Universidade de Harvard, sobre os fatores determinantes para que os alunos de escolas de Nova York tivessem desempenho melhor do que outros, mesmo quando controladas as variáveis extraescolares. Entre eles estão o tempo de exposição efetiva à aula, a expectativa dos professores a respeito dos estudantes, a atenção às necessidades sociais e emocionais dos alunos e a prioridade para interesses e paixões dos alunos na elaboração de projetos escolares (Barros, 2018).

Nesse mesmo sentido, em *In search of deeper learning: the quest to remake the American high school* (*Em busca da aprendizagem significativa: a jornada para remodelar o ensino médio norte-americano*, em tradução livre), o mais recente livro de Jal Mehta (em parceria com Sarah Fine, também norte-americana), as conclusões dos pesquisadores, após realizarem um dos mais impressionantes estudos empíricos sobre o tema, reforçam que o modelo pernambucano, ao dar centralidade ao protagonismo juvenil e se organizar em torno de um conjunto de práticas educativas que visam atribuir sentido e propósito à experiência escolar de cada aluno (Mehta e Fine, 2019), possui os elementos críticos para engajar e promover melhorias significativas na aprendizagem dos jovens.

O sucesso do modelo pernambucano, contudo, não reside "apenas" no fato de que o esforço lança mão de uma consistente proposta pedagógica informada pelas evidências. Ele também está associado à forma como se deu sua implementação. E é aí que entra a ideia da "coerência" apontada por Fullan e Quinn. Conforme o ex-secretário estadual de Educação Frederico Amancio (2014-2020) apontou em entrevista exclusiva à dissertação de mestrado que deu origem a

---

dirigido supervisionado por professores, (ii) orientação para projeto de vida, (iii) práticas de protagonismo, (iv) formação da equipe nos conceitos, (v) nivelamento. Disponível em: <www.sonhogrande.org/storage/producao-de-evidencias-as-estrategias-pedagogicas- -e-de-gestao-que-fazem-a-diferenca.pdf>. Acesso em: jan. 2021.

este livro, o entendimento de que a agenda precisava ser apropriada pelas equipes escolares, em especial os gestores escolares, foi aspecto central para viabilizar a estratégia de expansão do modelo:

> Se você quer mesmo melhorar o resultado, [melhorar] o funcionamento da escola, o professor precisa estar envolvido. E [no nosso caso] a figura-chave do sucesso, o que deu "liga", era o gestor escolar. Por isso, mudamos a estratégia de seleção [dos gestores escolares]. A aposta era que o diretor seria nosso porta-voz, para trazer a equipe da escola mais próximo. Ele era o elo, o grande fator para unir a estratégia da secretaria com a escola.
>
> Eu fazia reunião de pactuação de metas, e me reunia com todos os diretores de escola, por região, e fazia questão de dividir todos os avanços [da rede] para eles se sentirem parte do processo [como um todo], e depois dividia com eles toda a estratégia para melhorar o resultado. [No total], eram quase 1.000 diretores, mas eu fazia isso todo ano. E o governador fazia a abertura dessas reuniões.

Paulo Dutra, em seu já referido livro *Educação integral no estado de Pernambuco: uma política pública para o ensino médio*, enfatiza o esforço do órgão central da Secretaria de Educação Estadual pernambucana para buscar assegurar domínio dos profissionais atuantes nas unidades escolares a respeito das bases do novo modelo de escola e, assim como Frederico Amancio, destaca a centralidade do papel dos diretores escolares no processo de implementação:

> Na implantação da Política Pública de Educação Integral em Pernambuco, foram criados espaços de trocas entre gestores e os outros sujeitos envolvidos com a escola, com o objetivo de fortalecer e *discutir as questões da política*. Foram promovidos encontros para trocas de experiências entre eles, como também capacitações em educação interdimensional e em planejamento estratégico [...] [Dutra, 2014:97, grifo meu].

[Para assegurar a boa implementação do modelo] é necessário que o gestor perceba a importância de envolver todos os atores – professores, estudantes e comunidade – em prol de uma visão sistêmica da educação na escola, não apenas contribuindo com a sua parte, mas também com a visão da interligação entre todos esses sujeitos. Enfim, é preciso que todos se percebam no contexto escolar e descubram como aí cada um pode contribuir para a melhora dos resultados de sua escola [...]
O papel de articulador do gestor é determinante na execução da política e no diálogo, na comunicação eficaz, efetiva, convincente e, sobretudo, coerente com a realidade e com os anseios da comunidade, tendo a juventude como seu expoente maior [Dutra, 2014:99].

Com efeito, em visita realizada a cinco escolas em diferentes localidades do estado em 2018, a pesquisa realizada para a dissertação do mestrado que deu origem a este livro pôde atestar a intencionalidade descrita tanto pelo ex-secretário Frederico Amancio quanto pelo ex-secretário executivo Paulo Dutra, e que Fullan e Quinn descrevem como o "indicador indireto" de "coerência" comumente observado no sistema educacional de Ontário. Em todas as escolas visitadas, o discurso era basicamente o mesmo (mas não idêntico, o que demonstrava ter sido objeto de contextualização), e as equipes escolares conseguiam descrever com alto grau de precisão o que e o porquê das práticas que ali estavam implementando. Havia, é claro, descontentamento com questões pontuais e percebiam-se, também, diferentes estágios de adoção dos elementos do modelo. Não obstante, havia nitidamente uma base de conhecimentos – teóricos e práticos – e um conjunto de valores compartilhados pelas equipes gestoras e professores que davam vida à reforma no chão da escola e que os configuravam não como *objetos*, mas *sujeitos* da reforma. Em todas as escolas visitadas, havia apropriação e senso de pertencimento a um projeto coletivo de rede.

No caso do Ceará, o objetivo de assegurar que a agenda fosse efetivamente incorporada pelos atores implementadores também foi objeto de preocupação do grupo de liderança do governo desde o início. Conforme Mauricio Holanda Maia, ex-secretário de Educação do Ceará, relatou em entrevista, o foco estava em garantir uma narrativa compartilhada:

> A mesma proposta técnica, o mesmo desenho, pode funcionar mais ou menos a depender da comunicação e da construção que você faz com as pessoas. Entender e construir a parceria possível com cada um dos "burocratas da cadeia [de implementação]" foi absolutamente fundamental. [Nessa linha] a narrativa foi chave. A identidade profissional do professor é uma identidade marcada por um discurso negativo, por um discurso que integra descrições positivas idealizadas e descrições operacionais negativadas. O professor acha muito bom quando ele pode dizer que os resultados melhoraram, quando ele pode integrar uma narrativa de que escola pública não é ruim por ser pública. Então construímos essas narrativas, fazendo as alianças possíveis e necessárias [para avançar].

Se "visão sistêmica compartilhada" é o passo inicial para se afastar do modelo de controle a partir do topo e garantir articulação entre ações e coerência de pensamento entre escolas e intrassistema, "descentralização coordenada" é o que assegura que o contraponto à centralização excessiva não resulte em um cenário de *"laissez-faire* educacional".

O termo é uma adaptação da ideia de "autonomia conectada" (*connected autonomy*), que Fullan e a educadora Mary Jean Gallagher – também canadense – introduzem e abordam em detalhes no livro *The devil is in the details: system solutions for equity, excellence, and student well-being* (2020) (*O diabo está nos detalhes: soluções em nível de sistema para promoção da equidade, excelência e bem-estar dos estudantes*, em tradução livre). Em reação à constatação de que "[em educação], as coisas são muito complexas para querer controlar do topo; hoje em dia há que se tratar o processo de implementação como um processo de aprendizagem contínua, e não como uma questão de executar a política" (Fullan e Gallagher, 2020:119), o conceito busca unir a ideia de autonomia com colaboração a partir do entendimento de que, se por um lado órgãos centrais não conseguem gerir a complexidade de sistemas de grande porte, as escolas, se deixadas por conta própria, dificilmente conseguem perseverar sozinhas com qualidade – aspecto ainda mais verdadeiro no caso brasileiro, onde há muitas desigualdades entre as redes de ensino e entre as escolas.

No cerne do argumento de Fullan e Gallagher está a seguinte premissa: "já que cada nível em sistemas ultracomplexos [como o da educação] inevitavelmente tem algum grau de autonomia, gostemos ou não, por que não fazer disso uma virtude?" (Fullan e Gallagher, 2020:116). Ou seja, em vez de tentar controlar o que é incontrolável, o caminho deve ser organizar o sistema de modo a criar uma dinâmica de interação constante entre as três instâncias (central, regional e local), focada no avanço de uma agenda sistêmica e compartilhada.

Segundo os autores, a viabilização da "autonomia conectada", ou da "descentralização coordenada", pressupõe uma "reforma tripartite" – nos três níveis do sistema. Ademais, o argumento central é o de que melhorias precisam ser lideradas pelos três níveis do sistema. Nesse sentido, sugerem que o papel de cada nível deve ser repensado:

- no nível da escola, migrar de "implementador de políticas do órgão central" para "consumidores proativos de políticas", contextualizando políticas conforme as prioridades locais;
- no nível central, sem abdicar da missão de direcionar os rumos da reforma, sair da lógica de "executor de políticas" e tratar o processo de implementação como uma proposta iterativa e de aprendizado contínuo a partir da interação com os demais níveis;
- e no nível regional, o nível "do meio", se afastar da posição passiva e intermediária e passar a atuar como a "cola" entre o "topo" e a "base" e como o principal agente de interação e apoio contextualizado ao nível local (escolas) [Fullan e Gallagher, 2020:36-37].

Em sentido similar, em *The allure of order* Mehta também analisa esse tema específico. Sobre como deve se dar a interação entre topo e base, o autor defende que o "parceiro externo" – ou seja, os órgãos centrais e regionais – seja visto pelas escolas mais como um recurso do que como um inimigo. Assim, conforme o autor estabelece, o sistema passa a operar sob uma lógica de pirâmide invertida: em vez de serem posicionadas na parte de baixo de uma cadeia de implementação, as escolas estão no topo, e a missão de todos os outros atores deve ser a de apoiá-las. Posto de outra forma, em vez de gerir um "sistema escolar", a mentalidade deve ser gerir um "sistema de escolas" (Mehta, 2013).

A tentativa de buscar concretude e aderência dessa argumentação ao contexto brasileiro novamente nos leva ao caso do Ceará. Como mencionado na seção anterior, uma das medidas fundamentais do processo de reforma educacional cearense, ainda na década de 1990, foi a reorganização e o fortalecimento da estrutura dos órgãos regionais estaduais (o nível "do meio"), de modo que pudessem efetivamente servir de apoio aos seus respectivos municípios:

> A ação que teve mais impacto nas relações entre estado e municípios foi a reestruturação do modelo de atuação regional do governo estadual. Neste sentido, a principal reforma foi a transformação das 14 Delegacias Regionais de educação em 21 Centros Regionais de Desenvolvimento da educação. Isso ocorreu em 1996 e teve como objetivo descentralizar a gestão e o acompanhamento educacional, fortalecendo essa função do governo estadual. Os centros regionais assumiram funções gerenciais nas áreas financeira e de recursos humanos, assim como nas áreas de ensino e gestão escolar. Os delegados, que até então eram nomeados politicamente, foram substituídos por dirigentes escolhidos por meio de seleção pública, abarcando concurso público com provas, apresentação de plano de trabalho e entrevista [Abrucio, Segatto e Pereira, 2016:28].

De modo a dar ainda mais força a essa estrutura de apoio regional, concomitante ao lançamento do Paic, em 2007, a própria estrutura organizacional do órgão central da Secretaria Estadual de Educação passou por uma reformulação, dando origem a uma nova Coordenadoria de Cooperação com os Municípios para Desenvolvimento da Aprendizagem na Idade Certa (Copem), que teria (e ainda tem) como missão coordenar os esforços em nível estadual e dar suporte às instâncias regionais. Ademais, no mesmo ano da criação da Copem, novos ajustes foram feitos nos órgãos regionais para que, à luz dos objetivos específicos do Paic, pudessem efetivamente suportar os municípios na implementação das ações pedagógicas e de gestão (Abrucio, Segatto e Pereira, 2016; Cruz, Farah e Ribeiro, 2020).

Como relatado pelo ex-secretário de Educação do Ceará, Mauricio Holanda Maia, tal movimento de fortalecimento da estrutura regional, crucial para atingimento dos resultados, exigiu reconhecimento da realidade, boa dose de humildade e muita prioridade política por parte do governo:

> [Para dar certo] é preciso comunicação [frequente], com checagem constante da informação e de um componente pessoal da comunicação que a secretaria não consegue fazer. A "cara" da secretaria no interior do estado, a "cara" que eles veem é a da coordenação regional. Então ela precisa ter o máximo de capacidade de resolução e precisa representar da melhor maneira possível a "cara" que a secretaria quer ter. É uma questão de leitura da realidade. Quem fará é o seu representante, então que ele faça sua agenda a melhor possível. É por isso que ele tem que ter boa dose de autonomia, para não ficar dependendo das autorizações que só você dá, [até] porque você não saberá dá-las da melhor forma possível, você não saberá priorizar. Ele precisa e pode fazer isso melhor do que você. Por isso, é muito importante uma seleção meritocrática e uma blindagem do representante regional, que não podia cair pelas malhas da política partidária na região.

A natureza específica do impacto da atuação dos órgãos regionais cearenses junto aos municípios é bem capturada pelos pesquisadores Alicia Bonamino, Maria Océlia Mota, Maria Elizabete Neves Ramos e Erisson Viana Correa no artigo "Arranjo institucional de implementação do Paic e burocratas de médio escalão". O trabalho, que integra o livro *Teorias e análises sobre implementação de políticas públicas no Brasil* (Lotta, 2019), faz uma análise qualitativa do Paic a partir de múltiplas entrevistas, realizadas entre 2016 e 2017, com representantes dos diferentes níveis de implementação do Paic – central, regional e local – e que tiveram participação ativa e direta no programa entre 2013 e 2016. No que diz respeito ao papel dos "gerentes municipais" – um dos principais atores da burocracia de médio escalão, "formalmente colocados como mediadores entre a formulação e a implementação [do Paic]" (Bonamino et al., 2019:199), o trabalho sustenta que sua atuação é entendida pelos mais diversos agentes como "peça-chave do sucesso do programa" (Bonamino et al., 2019:199). Nesse sentido, dois trechos do artigo merecem destaque:

> As entrevistas indicaram que o [gerente municipal – GM] obtém reconhecimento dos superiores e também dos subordinados, e que esse reconhecimento não decorre apenas da posição que ocupa na estrutura organizacional, mas, também e principalmente, da liderança pedagógica que mantém junto à burocracia escolar. Gerentes regionais e diretores escolares reconhecem o GM *como o centro da política*, por ser o agente que atua no acompanhamento pedagógico dos professores, busca alternativas para as dificuldades individuais de aprendizagem dos alunos, que monitora, discute e analisa resultados junto à escola e orienta as ações dos professores a partir desse diagnóstico. Olhar se os professores estão cumprindo a rotina, checar a aprendizagem de cada criança e orientar os professores são estratégias reportadas por gerentes e diretores escolares entrevistados para se referirem às rotinas dos GMs nas escolas [Bonamino et al., 2019:216, grifo meu].

A atuação dos GMs no direcionamento da implementação do Paic junto a diretores e professores parece promover uma forma de aprendizagem institucional que contribui com o alinhamento sustentado da gestão escolar e do trabalho do professor às diretrizes do programa, *mesmo quando cessa a mediação desses gerentes* [Bonamino et al., 2019:217, grifo meu].

A ideia da descentralização coordenada é mais um bom exemplo que sustenta uma das mensagens mais amplas deste livro: é na combinação de proposições costumeiramente apresentadas como ideias opostas que reside o caminho para melhores resultados educacionais. Ela, somada ao princípio da visão sistêmica compartilhada, materializa o ponto central da frase de Jal Mehta, destacada no início desta seção: o que importa não é quem tem o controle – topo ou base – mas, sim, como topo e base interagem.

Efetivando transformações significativas a partir de um projeto sistêmico no plano escolar

A escola, não o indivíduo, deve ser a unidade de análise.

John Hattie

Um caminho comumente observado em redes brasileiras de grande porte que buscam fugir da lógica de implementação uniforme de políticas educacionais – lógica essa que se configura como uma das razões que explicam reformas educacionais de baixa efetividade – é o do disparo de políticas específicas para grupos determinados de escolas. Por exemplo, em vez de implantar um programa de combate à evasão escolar em todas as escolas de uma rede, focar apenas naquelas que estão em regiões mais vulneráveis. Com efeito, esse tipo de política, comumente descrita pelo debate acadêmico como "política focalizada", corretamente reconhece que, mesmo dentro de uma mesma rede, há diferentes contextos e demandas. E, nessa linha, sob o pretexto de elevar a qualidade *com equidade*, justificam uma ação desigual para regiões ou localidades distintas a partir do órgão central.

Em que pese existir lógica nessa abordagem, os conhecimentos de fronteira sobre reformas educacionais sugerem que a focalização de políticas no nível do sistema não é ação suficiente para promover mudanças significativas no nível das escolas, em especial naquelas que consolidam um histórico de baixo desempenho escolar de seus estudantes. Tal questionamento é feito não só pelos autores já citados neste livro – como Charles Payne, Jal Mehta, Michael Fullan e Joanne Quinn –, mas também pelo neozelandês John Hattie, pesquisador responsável por uma das mais extensas meta-análises de estudos educacionais no mundo (Hattie, 2008), que buscou identificar o efeito de diferentes variáveis e práticas educacionais na aprendizagem dos estudantes; e pelo britânico Andy Hargreaves, autor de inúmeros livros sobre comunidades de aprendizagem e sobre como transformar a profissão docente.

Todos esses autores, de maneiras ligeiramente diferentes, argumentam que o caminho mais efetivo está na capacidade dos sistemas em viabilizarem um projeto sistêmico e intensivo no plano da escola, de modo a estimular o compromisso e a ação coletiva dos professores de uma mesma unidade escolar, focada na solução dos problemas específicos de suas realidades.

Trata-se de um esforço que vai muito além da ideia de "estimular a colaboração entre os professores". Para Payne (2008), promover mudanças em escolas com histórico de baixo desempenho passa, primeiro, por refutar a visão de que é só uma questão de engajar as pessoas, "de baixo para cima". Isso porque, segundo o autor explicita em *So much reform, so little change*, tal visão pressupõe – equivocadamente – que todos os integrantes da comunidade escolar têm o mesmo entendimento do que é sucesso. Ademais, admitir que a melhoria é possível significa fazer um convite à autocrítica, comportamento este que nem sempre estará presente em todos os membros de uma organização com histórico de fracassos.

Jal Mehta corrobora a lógica do projeto sistêmico no âmbito escolar ao argumentar, em *The allure of order*, que sistemas educacionais efetivos são aqueles que conseguem "quebrar" o isolacionismo inerente à atividade docente, indo além do simples conceito de colaboração. E, segundo o autor, para chegar lá, é preciso um compromisso coletivo no nível da escola e o uso intensivo de avaliações formativas para direcionar melhorias:

> Colaboração é condição necessária, mas não é suficiente. Para que melhorias significativas aconteçam, um segundo passo precisa ocorrer: há que se estabelecer um compromisso coletivo entre o conjunto de professores de uma mesma escola de buscar examinar se suas práticas estão, de fato, produzindo avanços no desempenho escolar dos alunos. [...] E fazer isso a partir de dados e informações sobre o rendimento dos estudantes é essencial para melhorar a prática pedagógica [Mehta, 2013:280].

John Hattie vai na mesma direção. Em *What works best in education: the politics of collaborative expertise* (*O que funciona melhor em educação: as políticas de expertise colaborativo*, em tradução livre), relatório construído a partir de dados advindos de um conjunto expressivo de estudos de meta-análise sobre o impacto de múltiplas intervenções educacionais, o autor sustenta que o trabalho coletivo é a chave para o sucesso, mas que ele só gera consequências positivas se embalado por uma crença de que é o trabalho do grupo que pode fazer a diferença:

> Nós temos que parar de permitir que professores trabalhem sozinhos, por trás de portas fechadas e isolados. No sentido contrário, temos

que avançar para uma ética profissional que enfatiza a colaboração [...] Mas só "juntar" os professores não necessariamente levará a melhorias na prática. [...] O foco desta colaboração há de ser subsidiado pelas evidências do impacto [da prática profissional], em um entendimento comum sobre o que esse impacto significa, nas evidências e formas de saber sobre a magnitude desse impacto e como esse impacto é disseminado entre vários grupos de alunos [Hattie, 2015:23].

Andy Hargreaves engrossa o coro. Em *Professional capital: transforming teaching in every school* (2012) (*Capital profissional: transformando o ensino em todas as escolas*, em tradução livre), livro escrito em parceria com Michael Fullan, o pesquisador sustenta ideia similar:

> A docência, como qualquer outra profissão, não se resume apenas à habilidade ou vontade individual. É também profundamente afetada pela cultura do ambiente de trabalho em que se exerce a profissão. Se o ensino em uma escola é uma "bagunça", não devemos fazer perguntas sobre as habilidades ou compromissos individuais de professores. Devemos pensar sobre o que está errado com a escola. E se há uma excepcional exceção à regra, não significa que, por esforço ou vontade própria, todos ou a maioria dos outros professores chegarão lá também – a não ser que você faça algo a respeito da escola como um todo [Hargreaves e Fullan, 2012:21].

Se voltarmos para a primeira seção deste capítulo, veremos que Fullan e Quinn, ao fazerem a distinção entre responsabilização externa e responsabilização interna, explicitam a mesma linha de raciocínio. Cabe relembrar o argumento dos autores, delineado no livro *Coherence*: mudanças profundas no nível da escola só são atingidas quando há intenção, compromisso e ação coletiva daqueles que a compõem; ou seja, quando responsabilidades individuais de cada professor estão alinhadas a um projeto colaborativo de melhorias, com expectativas no nível de grupo e uma cultura de frequente iteração e correção de rota (Fullan e Quinn, 2016).

Para além da sustentação do argumento em favor de um esforço organizado em nível de escola – sem prescindir de uma coordenação central –, as análises de Payne, Mehta, Hattie, Hargreaves, Fullan e Quinn têm relevância adicional na medida em que questionam, pelo menos, duas máximas bastante conhecidas no debate internacional e que têm encontrado certo respaldo no debate educacional brasileiro.

A primeira é a ideia cunhada pelos pesquisadores Michael Barber e Mona Mourshed no famoso trabalho *How the world's best-performing school systems come out on top* (Como os melhores sistemas do mundo saem no topo, em tradução livre), publicado em 2007, de que a "qualidade de um sistema educacional é equivalente à qualidade de seus professores" (Barber e Mourshed, 2007:19). Ao sugerirem que a chave para a transformação está na ação coletiva em torno de um projeto de escola, Payne, Mehta, Hattie, Hargreaves, Fullan e Quinn estabelecem, ainda que indiretamente, que o conceito de Barber e Mourshed subestima a capacidade de bons projetos de escola "alavancarem" a atuação individual de um determinado professor.

A segunda máxima, defendida pelo renomado pesquisador da Universidade de Stanford Eric Hanushek, é a de que o foco da política educacional deve estar em identificar e premiar/sancionar *individualmente* os professores com base no seu desempenho profissional (Hanushek, 2016). Com efeito, Fullan, Quinn, Payne, Mehta, Hattie e Hargreaves não questionam a relevância das capacidades individuais dos professores para a promoção de bons resultados educacionais. Não obstante, dirão que tal enfoque, ao ignorar o efeito-escola na atuação docente, é insuficiente – e, por vezes, contrário – para promover alterações transformacionais na dinâmica, no sistema escolar e, inclusive, no próprio desenvolvimento profissional dos docentes.[39] Como Hargreaves e Fullan (2012) estabelecem em *Professional capital: transforming teaching in every school*, qualidade *individual* dos professores importa, mas a chave está na qualidade do *grupo* de professores.

Pensar uma reforma educacional a partir de um projeto sistêmico no plano da escola não é prática recorrente no Brasil. Mas é caminho fortemente presente nas experiências do Ceará e, principalmente, de Pernambuco.

Como já evidenciado na primeira seção deste capítulo, no caso cearense, o entendimento sobre a importância da abordagem sistêmica no nível da escola foi consolidado já na experiência de Sobral. Isso fica evidente na medida em que se constata que a política pedagógica sobralense contemplou todas as principais dimensões do funcionamento das escolas, com ênfase na definição de currículo claro, materiais pedagógicos, avaliações de aprendizagem no processo, programas de reforço escolar e profissionalização da gestão escolar (Abrucio, Segatto e Pereira, 2016).

No entanto, é na implantação da já mencionada reforma educacional pernambucana, ancorada na expansão de um novo modelo de escola de ensino médio em tempo integral, que se encontra o melhor exemplo de como a argumentação teórica da literatura de fronteira sobre "reforma sistêmica no plano da escola" já se materializa na prática brasileira. Tal constatação se sustenta em três características que estão no cerne da política.

A primeira delas é a da garantia da dedicação exclusiva dos professores a uma única unidade de ensino – situação que difere da realidade de 42% dos docentes brasileiros, que dão aulas em mais

---

[39] Sobre o impacto do ambiente escolar no desenvolvimento profissional docente, Kraft e Papay (2014) evidenciam que professores que trabalham em ambientes mais solidários (*supportive*), que estimulam a colaboração e cooperação entre a equipe escolar, são mais efetivos em aumentar seus impactos nos resultados de aprendizagem dos alunos ao longo do tempo do que professores que trabalham em ambientes menos solidários.

de uma escola.[40] Ainda que esse aspecto possa parecer secundário, em especial para o leitor não especializado em educação, trata-se de condição crítica para viabilizar a construção (e a sustentação) de um projeto coletivo no nível escolar. Afinal, como criar confiança, permitir interações mais profundas, desenvolver espírito de grupo e estabelecer vínculo com seus colegas – e com os próprios estudantes – sem que os professores possam dedicar tempo a isso?

A segunda característica é o estímulo que o modelo dá ao engajamento de toda a comunidade escolar no processo de contextualização e tomada de decisão local. Isso é evidenciado a partir de um exemplo bastante específico, destacado pelo ex-secretário de Educação de Pernambuco, Frederico Amancio, durante entrevista exclusiva à pesquisa que embasou este livro:

> A filosofia [das escolas de tempo integral] é envolver a escola toda. Um exemplo disso é como se dá a construção [da grade de aulas] eletivas. Não é a secretaria que determina e tampouco trazemos professores externos à escola [para dar as aulas]. Funciona assim: [a partir de diretrizes da secretaria] professores da própria escola constroem projetos de eletivas em diversas áreas. Os professores apresentam para os estudantes as propostas. E os estudantes escolhem as eletivas. Tudo é pensado para que todos na escola estejam envolvidos no processo como um todo. E com o envolvimento [de todos], tendo o gestor escolar como a liderança, é que se criam as bases da mudança de cultura.

Já a terceira característica tem a ver com a natureza de intervenção da política: repensar o projeto escolar como um todo, incidindo simultaneamente em múltiplas variáveis da dinâmica escolar. A figura 9 ilustra os elementos que organizam a escola

---

[40] Informação sistematizada via questionários aos professores, aplicados pelo Saeb (MEC) em 2019, disponível em: <https://novo.qedu.org.br/questionarios-saeb/professores/7-brasil>. Acesso em: mar. 2022.

de tempo integral pernambucana, e os quadros seguintes dão a dimensão do nível de granularidade do projeto escolar. No quadro 3, são elucidadas as principais práticas educativas que sustentam a proposta pedagógica; no quadro 4, são destacadas as principais variáveis associadas aos resultados positivos do modelo, sendo que "ensino do currículo" e "elementos diversificados do currículo" são as alavancas com principais correlações positivas (ISG, 2020).

Figura 9
Visão sistêmica dos elementos que organizam a escola integral pernambucana

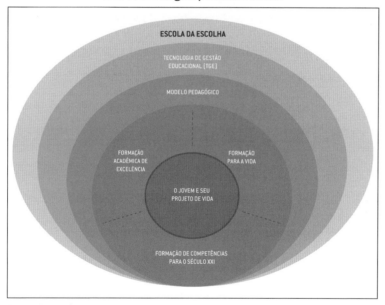

Fonte: ICE Brasil (2021).

Quadro 3
Práticas educativas do ensino médio em tempo integral

PRÁTICA EDUCATIVA	DESCRIÇÃO
PROJETO DE VIDA	Uso de metodologias estratégicas que estimulam o estudante a uma reflexão sobre quem ele é e aonde ele quer chegar, estimulando-o a traçar um plano que lhe permita visualizar os melhores caminhos para atingir seu sonho e seus objetivos na vida adulta. Duas aulas por semana.
ELETIVA	Ofertada semestralmente, o estudante pode selecionar, dentro de um leque de opções, uma eletiva para ampliar a sua formação. Deve apresentar temas alinhados às necessidades de aprendizagem dos estudantes, de forma interdisciplinar e com dimensão prática. Duas aulas por semana.
ESTUDO ORIENTADO	Uso de metodologias que buscam desenvolver nos estudantes o planejamento de estudos, a autonomia, o autodidatismo e a atitude colaborativa. De duas a quatro aulas por semana.
AVALIAÇÃO SEMANAL	Momento semanal para a verificação da aprendizagem de forma processual. Duas aulas por semana.
PRÁTICAS EXPERIMENTAIS	Aulas práticas realizadas preferencialmente em laboratórios de ciências (química, física, biologia e matemática), alinhando teoria e prática com foco na investigação científica. Duas a três aulas por semana.
ACOLHIMENTO	Prática educativa que objetiva promover a interação entre as pessoas e criar um ambiente de acolhimento e aproximação. O Acolhimento Inicial é o momento no qual são revelados os primeiros sonhos dos estudantes e o Acolhimento Diário busca estreitar vínculos e apoiar o estudante no desenvolvimento da sua formação integral.
CLUBE JUVENIL	Prática de protagonismo juvenil concebida a partir do interesse do estudante. O momento do clube é um espaço reservado para que ele possa desenvolver a autonomia, a liderança, a criatividade, a autogestão, a cocriação e a corresponsabilidade.
TUTORIA	Método para realizar uma interação pedagógica em que o educador (tutor) acompanha e se comunica com os estudantes de forma sistemática, auxiliando no seu desenvolvimento integral de modo a resolver problemas que possam ocorrer durante o processo educativo.
NIVELAMENTO	A partir de uma avaliação diagnóstica são elaborados planos de ação com o objetivo de promover avanços na aprendizagem, por meio de competências e habilidades ainda não alcançadas pelo estudante.

Fonte: ISG (2020).

Quadro 4
Agrupamentos das possíveis alavancas que impactam positivamente os resultados do ensino médio em tempo integral

GRUPOS DE VARIÁVEIS	ALAVANCAS IDENTIFICADAS
1. GESTÃO	• Gestor que se dedica mais a questões pedagógicas. • Presença de coordenador administrativo-financeiro. • Presença de educador de apoio. • Presença de professor de apoio pedagógico. • Educador de apoio/professor de apoio que se dedica mais a questões pedagógicas.
2. COMPOSIÇÃO DO QUADRO DA ESCOLA	• Gestor experiente. • Processo seletivo para gestores, professores efetivos e professores temporários. • Proporção de professores efetivos. • Proporção de professores em dedicação exclusiva. • Quadro de professores completo. • Professores licenciados na disciplina que lecionam.
3. ENSINO DO CURRÍCULO	• Proporção do conteúdo previsto que é ministrado. • Quantidade de aulas disponíveis. • Tempo gasto na organização da sala de aula. • Tempo gasto pelo professor acompanhando as tarefas. • Tempo gasto pelo professor para fazer chamada. • Tempo gasto pelo professor para explicar novos assuntos. • Tempo gasto pelo professor revisando assuntos antigos. • Tempo gasto pelo professor para tirar dúvidas. • Professor realiza leituras em grupo. • Pontualidade das aulas. • Aulas de reforço utilizadas para ensino de matemática.
4. ELEMENTOS DIVERSIFICADOS DO CURRÍCULO	• Equipe formada nos conceitos da escola integral. • A escola oferece reforço escolar. • A escola oferece nivelamento escolar. • A escola oferece estudo dirigido com orientação de um professor. • Estudantes envolvidos em práticas de protagonismo. • Alunos orientados para construção de seu projeto de vida.

▼

GRUPOS DE VARIÁVEIS	ALAVANCAS IDENTIFICADAS
5. ORGANIZAÇÃO DA ESCOLA	• Escola não oferece EJA. • Escola não oferece ensino regular noturno. • Escola não oferece ensino fundamental. • Há salas temáticas. • Há livros didáticos em quantidade suficiente para todos os estudantes. • Há uniformes escolares em quantidade suficiente para todos os estudantes. • Escola recebeu todos os recursos financeiros previstos.
6. INFRAESTRUTURA	• Quadras. • Laboratórios. • Banheiros. • Cozinha. • Vestiário. • Salas climatizadas/ventiladas. • Internet. • Acessibilidade. • Sala de professores. • Refeitório. • Biblioteca. • Sala multimídia. • Área de convivência. • Murais informativos. • Auditório.
7. AVALIAÇÕES	• Avaliações diagnósticas ao início de cada ano. • Provas aplicadas aos estudantes ao menos mensalmente. • Escola utiliza os resultados do Saepe/Idepe e Enem para estabelecer e revisar suas metas.

Fonte: ISG (2020).

As três ilustrações evidenciam que não só há um projeto *de escola* por trás da política de escolas em tempo integral, como um projeto de intervenção de alta intensidade – característica esta apontada por Payne (2008) como central para modificar a realidade educacional e sustentar melhorias ao longo do tempo, em especial, em escolas com histórico de baixo desempenho e/ou em regiões vulneráveis.

Com efeito, além de gerar repercussões estruturais na dinâmica e nas práticas das escolas que implantam o modelo (fenômeno também evidenciado por pesquisa qualitativa realizada por Lima, 2014), o esforço pernambucano vem demonstrando ser capaz de produzir impactos educacionais (e em outras variáveis) nos estudantes e egressos de escolas mais desafiadoras e que atendem alunos de baixo nível socioeconômico, como mostra o Instituto Sonho Grande (ISG, 2019; Kawahara, 2019; Rosa et al., 2022; Araújo et al., 2020).

Nesse sentido, conforme elucidado pelo ex-secretário Frederico Amancio em entrevista na pesquisa que deu origem a este livro, o fato de ser um modelo intensivo e de transformação do projeto escolar faz com que, ao longo do tempo, os estudantes mais vulneráveis e suas famílias se tornem, inclusive, promotores do próprio modelo:

> Lá atrás, a visão que se tinha é que o tempo integral nunca ia dar certo, porque [se falava] que os estudantes são pobres, têm que trabalhar. Vários estudos [sobre a experiência pernambucana] mostram agora que isso não é verdade. A maior parte dos jovens que trabalham tem subemprego. Percebemos, ao longo dos anos, que os pais e os estudantes mais pobres, como eles, não acreditavam no poder de transformação da educação; eles acreditavam que trabalhar mais cedo era o que iria fazer a diferença na vida deles. Quando eles começam a acreditar que a escola pode ser melhor, que [o jovem] pode ir para a universidade, aí eles percebem [o valor]. Se não fosse assim, não estaríamos com mais da metade da rede em tempo integral e com uma demanda crescente.

O que Pernambuco e Ceará são capazes de demarcar sobre o significado e a importância da visão sistêmica no plano escolar reforça, mais uma vez, uma das ideias destacadas nas páginas que introduzem este livro: há localidades no país que já mostraram que sabem como fazer educação de qualidade. O significado maior disso para o debate sobre política pública educacional no país é o que veremos no próximo – e último – capítulo.

Capítulo 4
Síntese dos argumentos e seus significados para o debate educacional brasileiro

Conforme exposto na introdução deste livro, a característica central desse trabalho foi buscar nos "pontos fora da curva" respostas para o enfrentamento de um dos mais importantes e complexos desafios brasileiros: melhorar a qualidade da educação básica. Desafio este que se tornou ainda maior devido aos enormes impactos da pandemia da Covid-19, acentuados pela ausência de coordenação e apoio do governo federal durante todo o período pandêmico.

Essa exploração foi orientada por uma pergunta principal: se há significativa variação de efetividade entre as inúmeras reformas educacionais subnacionais empreendidas nos últimos anos, quais os caminhos que vêm sendo seguidos por aqueles que, mesmo em contextos desfavoráveis, destoam positivamente da média? Este último capítulo visa resumir os principais argumentos apresentados nos capítulos 2 e 3 em uma estrutura-síntese de análise e, com base nela, apresenta quatro reflexões finais.

Como vimos ao longo do trabalho, a construção de uma argumentação capaz de sustentar uma resposta consistente – ainda que não exaustiva – à pergunta apresentada transcorreu pela articulação da literatura sobre reformas educacionais no mundo com os dados, pesquisas e casos de sucesso nacionais. Além disso, de modo a proferir uma análise complementar aos trabalhos recentemente publicados no país sobre reformas educacionais, objetivou-se focar menos em elencar quais políticas dão mais ou menos resultado e sim em explorar as premissas de formulação e implementação de políticas educacionais que demonstram resultar em maior ou menor efetividade.

Sustentada pela articulação entre trabalhos teóricos e análises empíricas, esta abordagem deflagrou três variáveis-chave, presentes naquilo que foi denominado "reformas educacionais de terceira geração", que ajudam a explicar, de maneira mais geral, quais caminhos são problemáticos ou insuficientes e, de maneira mais precisa e detalhada, quais escolhas levam a um reformismo com maior efetividade. Neste último caso, a maior precisão tornou-se possível ao confrontar a literatura de fronteira com práticas específicas advindas de dois casos brasileiros de expressivo sucesso.

A primeira variável-chave diz respeito à maneira como se compreende o papel de padrões, metas e incentivos na promoção de mudanças sistêmicas. A segunda refere-se ao modo de se fazer a gestão da reforma, em outras palavras, sobre como as diferentes instâncias de um sistema de grande porte (topo, meio e base) interagem num processo de formulação e implementação de uma reforma. E a terceira relaciona-se à "teoria da mudança" da reforma, isto é, o entendimento sobre que tipo de intervenção precisa ser feito para *de fato* modificar, consolidar e sustentar resultados educacionais significativamente melhores ao longo do tempo.

Com base nessas três variáveis, a análise que se fez para diferenciar e caracterizar reformas *menos efetivas* de reformas *mais efetivas* não foi binária. Isso porque, conforme antecipado na introdução deste livro, o olhar atento à literatura de fronteira e às evidências nacionais sugere que a diferenciação é de natureza mais sutil, em que o caminho "menos virtuoso" não necessariamente é inteiramente equivocado, mas, muitas vezes, insuficiente para "mexer o ponteiro". Essa construção, detalhada ao longo dos capítulos 2 e 3, é sintetizada no quadro a seguir.

Quadro 5
Explicações para as diferenças de efetividade das reformas educacionais no Brasil

Explicações para reformas menos efetivas	Explicações para reformas mais efetivas
Reformas educacionais que insistem em padrões, metas e incentivos como alavancas principais de mudanças • Ênfase quase que exclusiva em mecanismos *para incidir na motivação* dos atores implementadores, subestimando a necessidade de fortalecer o conhecimento profissional dos atores implementadores. • *Responsabilização externa* como instrumento principal para impulsionar a melhoria da prática profissional.	**Reformas educacionais em que padrões, metas e incentivos estão articulados a investimentos em insumos e processos que fortalecem as capacidades do sistema** • Ênfase no desenvolvimento de *capacidades dos atores implementadores* como alavanca-chave da reforma, tendo mecanismos de indução e responsabilização como impulsionadores. • *Responsabilização interna* como predecessora da responsabilização externa, que, por sua vez, assume caráter reforçador de mudanças lideradas pelos gestores escolares e professores no nível da escola.
Reformas educacionais guiadas por uma gestão altamente centralizada • Reformas altamente suscetíveis ao disparo de *inúmeras políticas e programas* a partir do órgão central, que inundam e confundem o dia a dia das escolas. • Tentativa de controle e racionalização do que ocorre nas escolas *a partir do órgão central*, gerando desconfiança mútua entre formulador (órgão central) e implementador (atores locais).	**Reformas educacionais com visão sistêmica compartilhada e descentralização coordenada** • Reformas *focadas* em incidir na melhoria da prática pedagógica dos professores e com ações *sistemicamente articuladas*. • Base comum de conhecimentos e valores associados à reforma *apropriada* pelos atores implementadores, tendo os *gestores escolares* como peça-chave do processo. • *Conexão e interação constante* entre o topo, o meio e a base, tendo o topo e o meio a serviço das escolas (pirâmide invertida).
Reformas educacionais orientadas por políticas com caráter uniforme e de curta duração • Foco na *ação individual* dos atores implementadores, com "grandes programas" que miram atingir de maneira homogênea o sistema como um todo. • Mentalidade de "sistema *escolar*". • Esforços *superficiais* e/ou com *duração pontual*.	**Reformas educacionais sistêmicas ancoradas em um projeto intensivo no nível da escola e com implementação duradoura** • Foco em criar condições para *a ação coletiva no nível da escola*, com modelos holísticos que incidem no projeto escolar como um todo e estimulam o protagonismo dos gestores escolares, professores e dos próprios alunos. • Mentalidade de "sistema *de escolas*". • Implantação *duradoura e resiliente* ao longo de múltiplos ciclos governamentais.

Fonte: elaborado pelo autor (2021).

À luz das conclusões inerentes ao modelo explicativo em si, é possível, ainda, derivar quatro mensagens que conformam o conjunto de considerações finais deste trabalho. São reflexões mais gerais sobre o que a estrutura-síntese de análise revela sobre reformas educacionais no Brasil e, sobretudo, quais os seus significados para o debate educacional brasileiro.

Mensagem 1. Nada de "revolução": o aumento da efetividade de reformas educacionais em sistemas subnacionais brasileiros de grande porte passa pela evolução do que, de modo geral, é atualmente empreendido pelos sistemas subnacionais.

Com base no modelo explicativo, é razoável aferir que, de modo geral, a baixa efetividade das reformas educacionais subnacionais, no Brasil, está associada ao fato de que a maioria dos sistemas educacionais subnacionais de grande porte ainda não foi capaz de "evoluir" seu modelo reformista, de modo a superar as limitações da lógica gerencialista (ênfase das reformas de segunda geração). Tal entendimento destoa da crítica comumente feita às reformas educacionais de baixo impacto ao propor que a melhoria da efetividade passa por identificar as falhas do modelo gerencialista, mas, ainda assim, aproveitar aquilo que ele oferece de positivo para impulsionar mudanças sistêmicas. Essa visão, portanto, não atribui às reformas educacionais brasileiras de *menor efetividade* uma conotação de completo fracasso, mas, sim, de insuficiência e incompletude. Sugere, assim, que o caminho para atingirmos resultados educacionais mais vigorosos em redes de grande porte passa por "reformar" o próprio modelo reformista que ainda vigora no modelo mental que orienta, em boa medida, a gestão educacional no Brasil.

Nesse sentido, e considerando que muitas redes de ensino, no Brasil, sequer implementaram reformas educacionais de segunda geração de maneira completa, o que se argumenta é que a "evolução do modelo reformista" não deve passar pelo aprofundamento da lógica da segunda geração para, só então, adentrar a terceira geração. Ou seja, a migração para as premissas da terceira geração deve se dar mesmo em localidades que ainda não "esgotaram" o modelo de segunda geração. Afinal, em que pesem a relevância dos conceitos a ela associados e o fato de que ele pode promover melhorias pontuais nos resultados educacionais, a insistência nesse modelo não será capaz de promover mudanças significativas nos resultados educacionais.

Mensagem 2. As melhores experiências brasileiras estão muito próximas do modelo de reformas educacionais de terceira geração que estão ganhando centralidade no mundo.

Ao analisarmos as experiências do estado do Ceará e do estado de Pernambuco frente à literatura internacional mais recente sobre reformas educacionais, percebe-se que ambas estão muito próximas da fronteira do que está sendo discutido e proposto em âmbito internacional. "Próximas" porque, com efeito, há aspectos trazidos pela "terceira geração de reformas" que ainda não foram completamente absorvidos pelos casos estudados e, ademais, pelo debate educacional no Brasil. Entre eles, destacam-se: mudanças significativas no conjunto de políticas docentes sob gestão das redes de ensino (por exemplo, medidas de atração de alunos do ensino médio com alto desempenho para a docência, articulação das escolas com centros de formação inicial, estágio probatório focado na melhoria da prática pedagógica e desenho de carreiras mais atrativas e voltadas para o desenvolvimento profissional docente); políticas intersetoriais, que articulam a escola a serviços de saúde e assistência social, em especial durante a primeira infância[41] e em regiões que atendem alunos de maior vulnerabilidade social (que,

---

[41] É importante destacar que em 2021 o governo do Ceará instituiu por lei o Mais Infância Ceará, política pública que toma como base programa lançado em 2015 e que visa coordenar ações multissetoriais junto aos municípios visando ao desenvolvimento integral na primeira infância. Fonte: <www.ceara.gov.br/mais-infancia-ceara/>. Acesso em: jan. 2022.

no Brasil, são em sua maioria crianças e jovens negros e periféricos); políticas para ampliar e qualificar o envolvimento dos familiares na vida escolar dos estudantes; e uma ênfase implacável na melhoria do processo pedagógico como o cerne da transformação educacional.

Neste último caso, as discussões mais avançadas têm se debruçado, por exemplo, nas didáticas específicas de ensino, nos métodos colaborativos de aprendizagem (*collaborative learning*), nas práticas voltadas para a aprendizagem significativa (*deep learning*) e no uso das novas tecnologias como recursos a serviço da prática docente.

Ainda que imperfeitas, a forma como tais estados têm avançado suas reformas reflete, em maior ou menor grau, vários dos princípios e das melhores práticas observadas nos sistemas de melhor desempenho no mundo. E, se não alcançam resultados absolutos próximos ao que esses sistemas atingem, isso se deve menos às suas imperfeições e muito mais ao baixíssimo nível socioeconômico dessas regiões,[42] ao baixo capital humano prévio e, mais ainda, ao contexto e à trajetória do país em que estão inseridos. Também por isso, seus resultados são absolutamente dignos de destaque.

Nesse mesmo sentido, essas experiências apresentam evidências categóricas de que o discurso de que a educação básica brasileira é "cenário de terra arrasada" está muito distante da realidade. Para um país que ainda se vê, de modo geral, imerso em reformas educacionais de baixa efetividade, e considerando que tal discurso tem servido de argumento para um movimento oportunista patrocinado pelo atual governo federal em prol da desvinculação total do orçamento para a educação,[43] posicionar o Ceará e Pernambuco

---

[42] A título de exemplo, os PIBs *per capita* do Ceará (US$ 4,7 mil em 2018) e de Pernambuco (US$ 5,3 mil), que representam pouco mais da metade do PIB *per capita* brasileiro (US$ 9 mil), são, aproximadamente, três vezes menores do que o PIB *per capita* do Chile (US$ 16 mil) e quase 10 vezes menores do que o PIB *per capita* de Ontário, no Canadá (US$ 47 mil).

[43] Este argumento foi utilizado, recentemente, pelo senador Marcio Bittar (MDB-AC), relator da PEC nº 186/2019, a chamada "PEC Emergencial", para propor a desvinculação total do orçamento para a educação e a saúde: "[Trata-se de] devolver, aos Municípios,

como parâmetros de referência para a "evolução" necessária deve, portanto, ser movimento obrigatório em qualquer debate sério sobre a melhoria da qualidade e equidade da educação básica brasileira.

A boa notícia é que, ainda que recente, há em curso um movimento significativo de adaptação e replicação das experiências de sucesso do Ceará (alfabetização em regime de colaboração estado-municípios) e de Pernambuco (modelo de escola em tempo integral) pelos estados brasileiros. Fundamentalmente impulsionadas pelo apoio de organizações do terceiro setor,[44] que sistematizaram os fatores operacionais de sucesso associados às iniciativas e oferecem apoio técnico para a adaptação e implementação das ações, aspectos-chave das experiências cearense e pernambucana já são realidade em inúmeras localidades Brasil afora.

No caso do modelo de alfabetização em regime de colaboração, ainda que em estágio inicial de implementação, já são 13 estados[45] com políticas referenciadas no Ceará (Todos Pela Educação, 2021b) – entre eles, Pernambuco. Esse movimento deve ganhar ainda mais força uma vez que outro indutor para essa expansão foi introduzido na Emenda Constitucional (EC) nº 108, de 2020, que constitucionalizou e ampliou o Novo Fundeb. A EC alterou

---

aos Estados e à União, o poder de legislar uma das leis mais importantes que é a do orçamento, *até porque vincular o Orçamento da União, que é o único País democrático no mundo que tem esse grau de vinculação, não resolveu nada. Nós gastamos 6,3% do PIB nacional com Educação e estamos com a Educação brasileira entre as 20 piores nações do mundo*" (grifo meu). Fonte: <https://g1.globo.com/politica/noticia/2021/02/23/senado-proposta-de-fim-do-piso-de-saude-e-educacao-dificulta-pec-que-viabiliza-auxilio-dizem-lideres.ghtml>. Acesso em: dez. 2021.

[44] No caso do modelo cearense, o Instituto Natura e a Fundação Lemann atuam em conjunto para apoiar a expansão do modelo de alfabetização em regime de colaboração (www.institutonatura.org/iniciativa/alfabetizacao/). No caso do modelo pernambucano, o Instituto Sonho Grande e o Instituto Natura são as organizações à frente do trabalho de apoio às secretarias (www.sonhogrande.org/porque-ensino-medio-em-tempo-integral/pt).

[45] Alagoas, Amapá, Espírito Santo, Goiás, Maranhão, Mato Grosso do Sul, Minas Gerais, Paraíba, Paraná, Pernambuco, Piauí, São Paulo e Sergipe.

dispositivos tributários para incentivar a replicação do modelo do "ICMS-Educação" cearense por outros estados.[46] Já no caso do ensino médio em tempo integral, a proposta já faz parte da estratégia de praticamente todos os estados brasileiros e, segundo dados do Instituto Sonho Grande, já são mais de 650 mil matrículas no modelo – distribuídas em quase 4 mil escolas –, equivalendo a pouco mais de 11% do total de matrículas no ensino médio brasileiro.[47] Neste último caso, uma política[48] de apoio financeiro criada pelo MEC em 2017 (e que segue ativa até hoje) para fomentar a expansão do modelo pernambucano tem ajudado esse crescimento. Caso o atual MEC estivesse conectado aos reais desafios da educação básica, turbinar esse programa – assim como a expansão do modelo cearense – deveria estar entre as prioridades da pasta. Há, inclusive, propostas para a indução do modelo cearense em escala nacional a partir do MEC, como apresentado pelo Todos Pela Educação (2018c).

Mensagem 3. O caminho das reformas é a peça-chave: para que a replicação das experiências cearense e pernambucana tenha êxito, há que se compreender a implementação como elemento estruturador do processo de reforma em si.

Ainda que a replicação das experiências cearense e pernambucana Brasil afora seja motivo de destaque, o sucesso desses esforços

---

[46] A Emenda Constitucional nº 108 prevê que os estados aprovem legislação, no prazo de dois anos a partir de sua promulgação, para distribuir entre os municípios parte dos recursos do ICMS, com base em indicadores de melhoria nos resultados de aprendizagem e de aumento da equidade. A emenda diminui o total repassado proporcionalmente às operações realizadas no território de cada município e aumenta o mesmo tanto no repasse que nova lei estadual deverá vincular às melhorias na educação. Fonte: Agência Câmara de Notícias (www.camara.leg.br/noticias/687499-conheca-o-novo-fundeb--que-amplia-gradualmente-os-recursos-da-educacao/).
[47] Fonte: <www.sonhogrande.org/porque-ensino-medio-em-tempo-integral/pt>. Acesso em: nov. 2021.
[48] Fonte:<http://portal.mec.gov.br/publicacoes-para-professores/30000--uncategorised/55951-politica-de-fomento-a-implementacao-de-escolas-de-ensino--medio-em-tempo-integral-emti>. Acesso em: nov. 2021.

não residirá no fato de terem conseguido "entrar" na agenda governamental ou de, simplesmente, seguirem os passos operacionais dos dois casos. Como vimos ao longo deste livro, terão êxito na medida em que trilharem seus próprios caminhos de implementação. A chave está, portanto, no "como" as replicações serão contextualizadas, avançadas e sustentadas ao longo do tempo.

Com efeito, Abrucio e Segatto (2017:102), ao compararem quatro tentativas similares de reformas educacionais brasileiras, entre o período de 2007-2010,[49] já haviam alertado que, entre outras variáveis, o modo "como as medidas [são] implementadas e negociadas com a burocracia e os sindicatos" é uma das explicações para as diferenças de resultado. Neste livro, porém, objetivou-se ir além, explorando quais os aspectos-chave por trás deste "como" e qual seu grau de relação com o sucesso de uma reforma.

Nessa linha, é útil retornarmos uma última vez à essência do que as experiências cearense e pernambucana revelam: para que reformas educacionais deem certo e, mais do que isso, sustentem-se ao longo do tempo, o processo de formulação e, sobretudo, o de implementação devem assumir caráter central. Posto de outra forma, os casos mostram que a implementação é um fator que precisa ganhar maior importância para pensar variáveis em larga escala, tratando-a não só como um processo de execução de políticas, mas como elemento estruturador do processo de reforma em si.

Dado que a replicação dos casos cearense e pernambucano por outros estados é movimento recente, ainda é cedo para tecer análises consistentes a respeito de sua qualidade. Ainda assim, o recado já pode ser registrado: o menosprezo à implementação cuidadosa e diligente muito provavelmente tornará esforços meritórios em novos exemplos de frustração e de resultados muito aquém do esperado.

---

[49] No artigo, é realizada uma análise comparada dos esforços reformistas avançados no Espírito Santo, Minas Gerais, Pernambuco e São Paulo, entre 2007 e 2010.

Mensagem 4. A "hora e a vez" da gestão educacional: para mudar a qualidade e a equidade da educação básica brasileira de maneira significativa, será preciso incidir radicalmente nas estruturas responsáveis pela gestão das diferentes instâncias dos sistemas educacionais subnacionais.

As explicações para a heterogeneidade na efetividade de reformas apresentadas neste livro – e sintetizadas pela estrutura-síntese de análise – são, de modo geral, entendimentos e premissas que orientam um *modo* de formular e, principalmente, de implementar política educacional. Ou seja, muito mais do que escolhas sobre quais políticas educacionais avançar, são escolhas sobre um *modo de fazer gestão*. Nesse sentido, trata-se de um desafio de maior complexidade, pois não é algo eminentemente técnico ou que possa ser facilmente roteirizado. Portanto, para um gestor público enfrentá-lo adequadamente, é necessário repertório, fortes características de liderança e experiência prática.

Além disso, tais explicações – assim como os casos do Ceará e de Pernambuco – inferem que reformas educacionais de êxito, ainda que dependam fortemente da qualidade dos gestores educacionais do órgão central de uma secretaria, exigem qualidade de gestão em toda a cadeia de implementação. Ou seja, para fazer a diferença em sistemas de grande porte, a qualidade dos gestores regionais e locais (diretores escolares) é tão importante quanto. Não por acaso, no caso dos diretores escolares, as evidências sobre seu impacto no dia a dia escolar vêm se avolumando em ritmo acelerado nos últimos anos (Silva, 2020; Lemos, Muralidharan e Scur, 2021).

Tal conclusão evidencia a fundamental necessidade de uma profunda reflexão nacional sobre a gestão de sistemas educacionais no Brasil – a começar pelo perfil de secretários(as) de educação e lideranças do alto escalão de uma secretaria, em especial aqueles responsáveis por sistemas de grande porte. As principais conclusões apresentadas na estrutura-síntese de análise deste trabalho apontam como diretriz de sucesso a combinação da capacidade de fazer gestão com o entendimento sobre formulação e implementação de política *educacional*. É isso, portanto, que deve orientar processos de escolha de tais lideranças.

Este movimento, porém, não é condição suficiente. Sem que se alterem a capacidade institucional dos órgãos centrais e as estruturas de liderança das demais instâncias (regionais e locais), os esforços permanecerão aquém do necessário. E, talvez, aqui esteja um dos maiores desafios: são instâncias menos visíveis no âmbito do debate público e que, portanto, estão menos suscetíveis ao escrutínio público. Basta um dado para exemplificar: poucas pessoas, mesmo entre os principais formadores de opinião brasileiros, sabem que aproximadamente 66% dos municípios brasileiros alocam seus diretores escolares única e exclusivamente por critérios *políticos* e que apenas 10% realizam um processo seletivo qualificado para alocar seus diretores escolares.[50] Em linguagem objetiva: ou se muda esse tipo de cenário, ou permaneceremos fadados a alguns poucos exemplos de sucesso e a um mar de experiências de reformas com baixa efetividade.

Por isso, registra-se aqui um último entendimento: uma vez que o subfinanciamento crítico na educação básica acaba de ser praticamente vencido com a aprovação de um Novo Fundeb constitucional, maior e mais redistributivo, a agenda capaz de alavancar o tão necessário salto de qualidade e equidade na educação básica brasileira há de ser a agenda da gestão. Nesse sentido, o avanço de pautas como a do Sistema Nacional de Educação, lei que visa aprimorar as regras de governança federativa na educação e dar maior organicidade e impulso à colaboração tripartite (União-estados-municípios) e bipartite (estado-municípios), precisa estar no centro do debate. Além disso, tal constatação implica mudanças estruturais na forma de atuação do Ministério da Educação, que, há anos, tem tido

---

[50] Fonte: Censo Escolar 2021/Ministério da Educação.

tímida contribuição para o fortalecimento da capacidade de gestão das redes. Em vez de seguir investindo em programas de atuação direta nas escolas – como fará o recém-lançado programa Brasil na Escola[51] –, o MEC deveria concentrar-se em responder à seguinte pergunta: como atuar para induzir, coordenar e apoiar o avanço de reformas de terceira geração em todo o território brasileiro?

Seja no âmbito do MEC, das próprias redes de ensino, da academia ou da sociedade civil, pensar uma nova gestão educacional em sintonia com a lógica da terceira geração de reformas educacionais requer, porém, superar abordagens comumente associadas ao tema. É preciso que fique claro que não se trata, apenas, da gestão "que monta planos estratégicos", "que otimiza gastos" ou "que torna processos burocráticos mais eficientes". Isso tudo é desejável, mas não é esse o cerne da questão. Trata-se, aqui, da gestão educacional que entende as nuances por trás de um processo de mudança em grande escala; da gestão que sabe que resultados melhores não surgem *apenas* com "mais dinheiro", "boa vontade", "coragem" ou "diálogo"; da gestão que sabe que o que acontece dentro da sala de aula – ou seja, a pedagogia – é absolutamente crucial; da gestão que entende que professores bem preparados, motivados e com boas condições de trabalho são a base de um sistema de qualidade; da gestão que reconhece a complexidade dos desafios e os enfrenta com respostas à altura dessa complexidade; da gestão que compreende que "ter foco" não significa buscar "solução mágica"; da gestão que sabe que problemas estruturais da sociedade – como o racismo –

---

[51] O programa Brasil na Escola, lançado em 31 de março de 2021, objetiva induzir e fomentar estratégias e inovações para assegurar a permanência, as aprendizagens e a progressão escolar com equidade e na idade adequada de estudantes matriculados nos anos finais do ensino fundamental. Para perseguir esse objetivo, o programa propõe-se a prestar apoio técnico e financeiro *diretamente* às escolas participantes. Fonte: <www.gov.br/mec/pt-br/assuntos/noticias/programa-brasil-na-escola-oferece--inovacao-valorizacao-de-boas-praticas-e-apoio-tecnico-e-financeiro-tendo-previsao--de-investir-cerca-de-r-255-milhoes-em-recursos-em-dois-anos>. Acesso em: dez. 2021.

exigem políticas públicas de enfrentamento intencional; da gestão que entende (e acredita) que mudanças efetivas em educação só ocorrem pela força e pela ação de um grande grupo de pessoas.

Trata-se, acima de tudo, da gestão que atribui à missão de melhorar a qualidade da educação básica um enorme nível de seriedade, equivalente ao brutal impacto que as escolas têm (ou podem ter) na vida de milhões de crianças e jovens e no futuro de um país.

Referências

ABRUCIO, F. L. Gestão escolar e qualidade da educação: um estudo sobre dez escolas paulistas. *Estudos & Pesquisas Educacionais*, Fundação Victor Civita, São Paulo, 2010. Disponível em: <https://pesquisa-eaesp.fgv.br/sites/gvpesquisa.fgv.br/files/arquivos/abrucio_-_gestao_escolar_e_qualidade_da_educacao_um_estudo_sobre_dez_escolas_paulistas.pdf>.

_____. *Governança das Secretarias Estaduais de Educação*: diagnóstico e iniciativas inspiradoras. Instituto Natura; FGV; Consed, 2013. Disponível em: <http://homolog.consed.org.br/media/meeting/5487281082683.pptx>.

_____; SEGATTO, C. I. A gestão por resultados na educação em quatro estados brasileiros. *Enap*: revista do serviço público, Brasília, v. 68, n. 1, p. 85-106, jan./mar. 2017. Disponível em: <https://revista.enap.gov.br/index.php/RSP/article/view/762/794>.

_____; _____. *Desafios da profissão docente*: experiência internacional e o caso brasileiro. Org. Instituto Península e Instituto Ayrton Senna. São Paulo: Moderna, 2021. Disponível em: <www.institutopeninsula.org.br/wp-content/uploads/2021/08/Livro-Desafios-da-Profiss%C3%A3o-Docente.pdf>.

_____, _____; PEREIRA, M. C. G. *Regime de colaboração no Ceará*: funcionamento, causas do sucesso e alternativas de disseminação do modelo. 2016. São Paulo: Instituto Natura. Disponível em: <www.institutonatura.org/wp-content/uploads/2020/08/Pesquisa-FGV-_PAIC.pdf>.

ANDI (Agência de Notícias dos Direitos da Infância); MEC (Ministério da Educação). *A educação na imprensa brasileira*: responsabilidade e qualidade da informação. Brasília, 2005. Disponível em: <www.andi.org.br/publicacao/educacao-na-imprensa-brasileira>.

ARAÚJO, D. et al. Do extended school day programs affect performance in college admission tests? *Research Gate*, 2020. Disponível em: <www.researchgate.net/publication/337720791_Do_Extended_School_Time_Programs_Help_Students_Get_into_College>.

ARRETCHE, M. Tendências no estudo sobre avaliação. In: RICO, E. M. (Org.). *Avaliação de políticas sociais*: uma questão em debate. São Paulo: Cortez, 1998. Disponível em: <https://pt.slideshare.net/88114499/tendncias-dos-estudos-em-avaliao-arretche-1998>.

BARBER, M.; MOURSHED, M. *How the world's best-performing school systems come out on top*. Washington, D.C.: McKinsey&Company, 2007. Disponível em: <www.mckinsey.com/industries/public-and-social-sector/our-insights/how-the-worlds-best-performing-school-systems-come-out-on-top>.

BARROS, D. *País mal educado*: por que se aprende tão pouco nas escolas brasileiras? Rio de Janeiro: Record, 2018.

BATISTA FILHO, O. N. *Reformas educacionais de terceira geração e sua efetividade*: o debate teórico à luz dos casos cearense e pernambucano. Dissertação (mestrado) – FGV, Rio de Janeiro, 2021. Disponível em: <https://bibliotecadigital.fgv.br/dspace/handle/10438/30408>.

BONAMINO, A. et al. Arranjo institucional de implementação do Paic e burocratas de médio escalão. In: LOTTA, G. *Teorias e análises sobre implementação de políticas públicas no Brasil*. Brasília: Enap, 2019. p. 193-222. Disponível em: <https://repositorio.enap.gov.br/bitstream/1/4162/1/Livro_Teorias%20e%20An%C3%A1lises%20sobre%20Implementa%C3%A7%C3%A3o%20de%20Pol%C3%ADticas%20P%C3%BAblicas%20no%20Brasil.pdf>.

BRUNS, B.; MACDONALD, I. H.; SCHNEIDER, B. The politics of quality reforms and the challenges for SDGs in education. *World*

Development, v. 118, p. 27-38, jun. 2019. Disponível em: <www.sciencedirect.com/science/article/pii/S0305750X19300336>.

CÁRIA, N. P.; OLIVEIRA, S. M. S. S. Avaliação em larga escala e a gestão da qualidade da educação. *Revista de Ciências Humanas – Educação*, Porto Alegre, v. 16, n. 26, p. 22-40, jul. 2015. Disponível em: <http://revistas.fw.uri.br/index.php/revistadech/article/viewFile/1477/1853>.

CEARÁ. *Regime de colaboração para a garantia do direito à aprendizagem*: o Programa de Alfabetização na Idade Certa (Paic) no Ceará. Fortaleza: Secretaria da Educação; Unicef, 2012. Disponível em: <https://aprendereditora.com.br/v2/midia/kcfinder/files/PAIC.pdf>.

CNI (Confederação Nacional da Indústria). *Retratos da Sociedade Brasileira*, Brasília, n. 16 (2014); 22 (2015); 28 (2016); 36 (2017); 41 (2018); 47 (2019); 53 (2020); 55 (2021). Disponíveis em: <www.portaldaindustria.com.br/cni/estatisticas/retratos-da-sociedade-brasileira/>.

_____. *Retratos da sociedade brasileira*, Brasília, ano 7, n. 42, 2018. Disponível em: <www.portaldaindustria.com.br/estatisticas/rsb-42-educacao-basica/>.

COSTA, A. C. G. da. *Protagonismo juvenil*: adolescência, educação e participação democrática. Salvador: Fundação Odebrecht, 2000.

_____. *Pedagogia da presença*: da solidão ao encontro. 2. ed. Belo Horizonte: Modus Faciendi, 2001.

CRUZ, M. C. M. T.; FARAH, M. F. S.; RIBEIRO, V. M. Estratégias de gestão da educação e equidade: o caso do Programa Aprendizagem na Idade Certa (mais Paic). *Revista Online de Gestão e Política Educacional*, Unesp, v. 24, n. 3, set./dez. 2020. Disponível em: <https://periodicos.fclar.unesp.br/rpge/article/view/13904>.

CRUZ, P.; BORGES, J. M.; NOGUEIRA FILHO, O. Educação básica sob Bolsonaro: análise da conjuntura e um olhar para o futuro. *Revista Interesse Nacional*, São Paulo, ano 12, n. 47, out./dez. 2019. Disponível em: <http://interessenacional.com.br/2019/10/14/

educacao-basica-sob-bolsonaro-analise-da-conjuntura-e-um--olhar-para-o-futuro/>.

DALMON, D. L.; SIQUEIRA, C.; BRAGA, F. M. Políticas educacionais no Brasil: o que podemos aprender com casos reais de implementação? São Paulo: SM, 2018.

DAMBROS, M.; MUSSIO, B. R. *Política educacional brasileira*: a reforma dos anos 90 e suas implicações. Artigo apresentando na X Anped Sul. Florianópolis, out. 2014. Disponível em: <http://xanpedsul.faed.udesc.br/arq_pdf/656-1.pdf>.

DAVIS, C. L. F. et al. Formação continuada de professores em alguns estados e municípios do Brasil. *Cadernos de Pesquisa*, FCC, v. 41, n. 144, set./dez. 2011. Disponível em: <http://publicacoes.fcc.org.br/index.php/cp/article/view/77/89>.

DUSI, C. S. C. O. *Os efeitos da gestão para resultados na educação*: uma análise das políticas públicas educacionais de sete estados brasileiros. Tese (doutorado) – Departamento de Ciências Sociais, PUC-Rio, Rio de Janeiro, 2017. Disponível em: <www.maxwell.vrac.puc-rio.br/31297/31297.PDF>.

DUTRA, P. F. V. *Educação integral no estado de Pernambuco*: uma política pública para o ensino médio. Recife: Ed. UFPE, 2014. Disponível em: <www.avancamaispe.educacao.pe.gov.br/moodle/pluginfile.php/761070/mod_resource/content/1/Livro%20de%20Paulo%20Dutra.pdf>.

FIGUEIREDO, A. M. C.; FIGUEIREDO, M. F. *Avaliação política e avaliação de políticas*: um quadro de referência teórica. São Paulo: Instituto de Estudos Econômicos, Sociais e Políticos de São Paulo, 1986. Textos Idesp, n. 15. Disponível em: <https://searchworks.stanford.edu/view/1676016>.

FREITAS, L. C. Avaliação e as reformas dos anos de 1990: novas formas de exclusão, velhas formas de subordinação. *Educação & Sociedade*, Campinas, v. 25, n. 86, p. 131-170, 2004. Disponível em: <www.scielo.br/scielo.php?pid=S0101-73302004000100008&script=sci_abstract&tlng=pt>.

_____. Os reformadores empresariais da educação e a disputa pelo controle do processo pedagógico na escola. *Educação & Sociedade*, Campinas, v. 35, n. 129, p. 1085-1114, out./dez. 2014. Disponível em: <www.scielo.br/pdf/es/v35n129/0101-7330-es-35-129-01085. pdf>.

_____. *A reforma empresarial da educação*: nova direita, velhas ideias. São Paulo: Expressão Popular, 2018.

FULLAN, M. Large-scale reform comes of age. *Journal of Education Change*, v. 10, p. 101-113, 2009. Disponível em: <http://michaelfullan.ca/wp-content/uploads/2016/06/13396080790.pdf>.

_____; GALLAGHER, M. J. *The devil is in the details*: system solutions for equity, excellence, and student well-being. Thousand Oaks, CA: Corwin, 2020.

_____; QUINN, J. *Coherence*: the right drivers in action for schools, districts, and systems. Thousand Oaks, CA: Corwin & Ontario Principal's Council, 2016.

FULLER, K.; STEVENSON, H. Global education reform: understanding the movement. *Educational Review*, v. 71, n. 1, p. 1-4, 3 dez. 2018. Disponível em: <www.tandfonline.com/doi/full/10.1080/0013 1911.2019.1532718>.

GOMES, A. V. A. *Valorização do magistério*: princípios legais e limites fiscais. Brasília: Câmara dos Deputados, ago. 2019. Estudo Técnico pela Consultoria Legislativa da Área XV – Educação, Cultura e Desporto. Disponível em: <https://bd.camara.leg.br/bd/bitstream/handle/bdcamara/38339/valorizacao_magisterio_gomes.pdf?sequence=5>.

HANUSHEK, E. A. School human capital and teacher salary policies. *Journal of Professional Capital and Community*, v. 1, n. 1, p. 23-40, 2016. Disponível em: <http://hanushek.stanford.edu/publications/school-human-capital-and-teacher-salary-policies-0>.

HARGREAVES, A.; FULLAN, M. *Professional capital*: transforming teaching in every school. Nova York: Teachers College, Columbia University, 2012.

HATTIE, J. *Visible learning*: a synthesis of over 800 meta-analyses relating to achievement. Londres: Routledge, 2008.

_____. *What works best in education*: the politics of collaborative expertise. Londres: Pearson, 2015. Disponível em: <www.pearson.com/content/dam/corporate/global/pearson-dot-com/files/hattie/150526_ExpertiseWEB_V1.pdf>.

ICE (Instituto de Corresponsabilidade pela Educação). *Escola da escolha*. Recife: ICE Brasil, 2021. Disponível em: <http://icebrasil.org.br/escola-da-escolha/>.

ISG (Instituto Sonho Grande). *Mais integral, mais oportunidades*: um estudo sobre a trajetória dos egressos da rede estadual de ensino de Pernambuco. São Paulo: ISG, set. 2019. Disponível em: <www.sonhogrande.org/storage/sonho-grande-producao-de-evidencias-mais-integral-mais-oportunidade.pdf>.

_____. *Ensino médio integral em Pernambuco*: as estratégias pedagógicas e de gestão que fazem a diferença. São Paulo: ISG, ago. 2020. Disponível em: <www.sonhogrande.org/storage/producao-de-evidencias-as-estrategias-pedagogicas-e-de-gestao-que-fazem-a-diferenca.pdf>.

KAWAHARA, L. M. *Understanding the impacts of a full-time schooling program*. Dissertação (mestrado) – FGV, São Paulo, 2019. Disponível em: <https://www.sonhogrande.org/storage/understanding-the-impacts-of-a-full-time-schooling-program.pdf>.

KRAFT, M. A.; PAPAY, J. P. Can professional environments in schools promote teacher development? Explaining heterogeneity in returns to teaching experience. *Educational Evaluation and Policy Analysis*, v. 36, n. 4, p. 476-500, 2014. Disponível em: <www.researchgate.net/publication/269469249_Can_Professional_Environments_in_Schools_Promote_Teacher_Development_Explaining_Heterogeneity_in_Returns_to_Teaching_Experience>.

LAUTHARTE, I.; OLIVEIRA, V. H.; LOUREIRO, A. *Incentives for mayors to improve learning*: evidence from state reforms in Ceará, Brazil. Banco Mundial; Education Global Practice, 2021. Policy research working paper. Disponível em: <http://documents1.worldbank. org/curated/en/691801610721382062/pdf/Incentives-for-Mayors-to-Improve-Learning-Evidence-from-state-reforms-in-Cear%C3%A1-Brazil.pdf>.

LEMOS, R.; MURALIDHARAN, K.; SCUR, D. *Personnel management and school productivity*: evidence from India. Cambridge, MA: National Bureau of Economic Research (NBER), 2021. *Working paper series*. Disponível em: <https://econweb.ucsd.edu/~kamurali/papers/Working%20Papers/Personnel_Management_School_Productivity%20(NBER%20WP).pdf>.

LIMA, U. do C. W. *O Programa de Educação Integral das escolas de referência em ensino médio da rede pública estadual de Pernambuco (2008-2013)*. Dissertação (mestrado) – UFPE, Recife, 2014. Disponível em: <https://repositorio.ufpe.br/bitstream/123456789/11941/1/DISSERTA%c3%87%c3%83O%20Uiara%20do%20Carmo%20Lima.pdf>.

LIPSKY, M. *Street-level bureaucracy*: dilemmas of the individual in public services. Nova York: Russel Sage Foundation, 1980. Versão traduzida para o português pela Enap. Disponível em: <https://repositorio.enap.gov.br/handle/1/4158>.

LOTTA, G. *Teorias e análises sobre implementação de políticas públicas no Brasil*. Brasília: Enap, 2019.

MADURO JÚNIOR, P. R. R. *Taxas de matrícula e gastos em educação no Brasil*. Dissertação (mestrado) – FGV, Rio de Janeiro, 2007. Disponível em: <http://bibliotecadigital.fgv.br/dspace/bitstream/handle/10438/110/2284.pdf?sequence=1>.

MAIA, M. H. Firmando os alicerces da igualdade de oportunidades educacionais: o Programa de Alfabetização na Idade Certa do Ceará. In: MELLO, J. et al. (Org.). *Implementação de políticas e atuação de gestores públicos*: experiências recentes das políticas das desigualdades. Brasília: Ipea, 2020. p. 157-174. Disponível em: <www.ipea.gov.br/portal/images/stories/PDFs/livros/200601_implementacao_miolo_cap07.pdf>.

MARQUES, L. R. Repercussões da nova gestão pública na gestão da educação: um estudo da rede estadual de Goiás. *Educar em Revista*, Curitiba, v. 36, 6 mar. 2020. Disponível em: <www.scielo.br/scielo.php?script=sci_arttext&pid=S0104-40602020000100206>.

MEHTA, J. *The allure of order*: high hopes, dashed expectations, and the troubled quest to remake American schooling. Londres: Oxford University Press, 2013.

_____; FINE, S. *In search of deeper learning*: the quest to remake the American high school. Cambridge, MA: Harvard University Press, 2019.

MIZALA, A.; SCHNEIDER, B. R. Promoting quality education in Chile: the politics of reforming teacher careers. *Journal of Education Policy*, v. 35, n. 4, p. 529-535, 15 mar. 2019. Disponível em: <https://www.tandfonline.com/doi/abs/10.1080/02680939.2019.1585577>.

MORICONI, G. M. et al. Formação continuada de professores: contribuições da literatura baseada em evidências. São Paulo: FCC, 2017. Relatório Técnico 52. Disponível em: <http://publicacoes.fcc.org.br/index.php/textosfcc/issue/view/340/169>.

OLIVEIRA, A. M. R. Reformas educacionais: solução para a educação brasileira ou estratégia política? *Quaestio*: revista de estudos em educação, São Paulo, v. 15, n. 1, 2013. Disponível em: <http://periodicos.uniso.br/ojs/index.php/quaestio/article/view/1630>.

OLIVEIRA, D. A.; DUARTE, A. W. B.; CLEMENTINO, A. M. A nova gestão pública no contexto escolar e os dilemas dos(as) diretores(as). *Revista Brasileira de Política e Administração da Educação*, v. 33, n. 3, 2017. Disponível em: <https://seer.ufrgs.br/rbpae/article/view/79303>.

PAYNE, C. M. *So much reform, so little change*: the persistence of failure in urban schools. Cambridge, MA: Harvard Education Press, 2008.

PRITCHETT, L. *The rebirth of education*: schooling ain't learning. Washington, D.C.: Center for Global Development, 2013.

RAVITCH, D. *The death and life of the great American school system*: how testing and choice are undermining education. Nova York: Basic Books, 2010.

ROSA, L. et al. The effects of public high school subsidies on student test scores: the case of a full-day high school program in Pernambuco, Brazil. *Economics of Education Review*, v. 87, 2022. Disponível em: <www.sciencedirect.com/science/article/abs/pii/S0272775721001151?via%3Dihub>.

SCHNEIDER, B. R.; ESTARELLAS, P.; BRUNS, B. The politics of transforming education in Ecuador: confrontation and continuity, 2006-17. *Comparative Education Review*, v. 63, n. 2, 2019. Disponível em: <https://www.researchgate.net/publication/331578154_The_Politics_of_Transforming_Education_in_Ecuador_Confrontation_and_Continuity_2006-17>.

SCHWARTZMAN, S. *Educação e recursos humanos*. América Latina: desafios da democracia e do desenvolvimento – políticas sociais para além da crise. São Paulo: Campus-Elsevier, 2009. v. 2, cap. 5. Disponível em: <www.schwartzman.org.br/simon/2009educa.pdf>.

SILVA, F. S. *Eficácia escolar, liderança e aprendizagem nas escolas estaduais brasileiras*: uma análise multivariada em painel. Tese (doutorado) – FGV, São Paulo, 2020. Disponível em: <http://bibliotecadigital.fgv.br/dspace/handle/10438/29107>.

SOARES, J. F. S. et al. *Exclusão intraescolar nas escolas públicas brasileiras*: um estudo com dados da Prova Brasil 2005, 2007 e 2009. Brasília: Unesco, abr. 2012. Série Debates Educação, n. 4. Disponível em: <www.asser.edu.br/rioclaro/graduacao/pedagogia/docs_professor/Exclusao%20intra-escolar.pdf>.

TODOS PELA EDUCAÇÃO. *Educação Já*: Política Nacional de Valorização e Profissionalização Docente. São Paulo: Todos Pela Educação, 2018a. Disponível em: <https://todospelaeducacao.org.br/wordpress/wp-content/uploads/2020/09/Educacao_ja_4.pdf>.

_____. *Educação Já*: uma proposta suprapartidária de estratégia para a educação básica brasileira e prioridades para o governo federal em 2019-2022. Todos Pela Educação. São Paulo: Todos Pela Educação, 2018b. Disponível em: <https://todospelaeducacao.org.br/wordpress/wp-content/uploads/2020/09/Grafica-07-02-2020.pdf>.

_____. *Educação Já*: Política Nacional de Alfabetização Pautada no Regime de Colaboração. São Paulo: Todos Pela Educação, 2018c. Disponível em: <https://todospelaeducacao.org.br/wordpress/wp-content/uploads/2020/09/Educacao_Ja_6.pdf>.

_____. *O retorno às aulas presenciais no contexto da pandemia da Covid-19*: contribuições do Todos Pela Educação para qualificar o debate público e apoiar os gestores frente ao futuro processo de reabertura das escolas. São Paulo: Todos Pela Educação, 2020a. Disponível em: <https://www.todospelaeducacao.org.br/_uploads/_posts/433.pdf?1194110764>.

_____. *Relatório anual de acompanhamento do Educação Já!*: balanço 2019 e perspectivas 2020. São Paulo: Todos Pela Educação, 2020b. Disponível em: <https://www.todospelaeducacao.org.br/_uploads/_posts/417.pdf?229296618%2F=&utm_source=Download-Relatorio-anual>.

_____. *Anuário Brasileiro da Educação Básica 2020*. São Paulo: Moderna, 2020c. São Paulo. Disponível em: <https://todospelaeducacao.org.br/noticias/anuario-2020-todos-pela-educacao-e-editora-moderna-lancam-publicacao-com-dados-fundamentais-para-monitorar-o-ensino-brasileiro/>.

_____. *Educação Já municípios*: contribuições para o debate sobre políticas educacionais no contexto das eleições de 2020. São Paulo: Todos Pela Educação, 2020d. Disponível em: <https://todospelaeducacao.org.br/wordpress/wp-content/uploads/securepdfs/2020/12/EducacaoJa-NosMunicipios_TodosPelaEducacao_2.pdf>.

_____. *Aprendizagem na educação básica*: detalhamentos do contexto pré-pandemia. São Paulo: Todos Pela Educação, 2021a. Disponível em: <https://todospelaeducacao.org.br/wordpress/wp-content/uploads/2021/09/relatorio-de-aprendizagem.pdf>.

_____. *Educação Já 2022*: uma proposta de agenda estratégica para a educação brasileira. São Paulo: Todos Pela Educação, 2021b. Disponível em: <https://todospelaeducacao.org.br/wordpress/wp-content/uploads/2021/10/26-10-21-completo-tpe-digital.pdf>.

_____; ITAÚ SOCIAL. *Pesquisa Ibope com 2.160 professores, representativa em território nacional, realizada em 2018*. São Paulo: Todos Pela Educação, 2018. Disponível em: <www.todospelaeducacao.org.br/_uploads/_posts/23.pdf?750034822>.

VINHA, T. P. et al. O clima escolar e a convivência respeitosa nas instituições educativas. *Estudos em Avaliação Educacional*, FCC, São Paulo, v. 27, n. 64, p. 96-127, jan./abr. 2016. Disponível em: <http://publicacoes.fcc.org.br/ojs/index.php/eae/article/view/3747>.

Este livro foi impresso nas oficinas gráficas da Editora Vozes Ltda.,
Rua Frei Luís, 100 – Petrópolis, RJ.